ORDONNANCE

SUR

L'EXERCICE ET LES ÉVOLUTIONS

DE LA CAVALERIE

DU 6 DÉCEMBRE 1829,

APPROPRIÉE A CHAQUE ARME,

Modifiée d'après les décisions ministérielles qui ont paru jusqu'à ce jour;

Annotée et augmentée d'une

INSTRUCTION PRATIQUE

POUR DONNER LA LEÇON SUR LE TERRAIN;

PAR A. BUÉ,

Capitaine adjudant-major au 3e cuirassiers.

LANCIERS.

ÉCOLE DE L'ESCADRON A CHEVAL.

PARIS,

LIBRAIRIE MILITAIRE

J. DUMAINE, LIBRAIRE-ÉDITEUR DE L'EMPEREUR,

Rue et Passage Dauphine, 30.

1863

ORDONNANCE

SUR

L'EXERCICE ET LES ÉVOLUTIONS

DE LA CAVALERIE

DU 6 DÉCEMBRE 1829.

LANCIERS.

ÉCOLE DE L'ESCADRON A CHEVAL

Paris.—Impr. de Cosse et J. Dumaine, r. Christine, 2.

ORDONNANCE

SUR

L'EXERCICE ET LES ÉVOLUTIONS

DE LA CAVALERIE

DU 6 DÉCEMBRE 1829,

APPROPRIÉE A CHAQUE ARME,

Modifiée d'après les décisions ministérielles qui ont paru jusqu'à ce jour.

Annotée et augmentée d'une

INSTRUCTION PRATIQUE

POUR DONNER LA LEÇON SUR LE TERRAIN;

PAR A. BUÉ,

Capitaine adjudant-major au 3ᵉ cuirassiers.

LANCIERS.

ÉCOLE DE L'ESCADRON A CHEVAL.

PARIS,

LIBRAIRIE MILITAIRE

J. DUMAINE, LIBRAIRE-ÉDITEUR DE L'EMPEREUR,

Rue et Passage Dauphine, 30.

1863

ORDONNANCE

SUR

L'EXERCICE ET LES ÉVOLUTIONS

DE LA CAVALERIE.

LANCIERS.

ÉCOLE DE L'ESCADRON A CHEVAL.

591. L'*École de l'escadron* a pour objet d'instruire les pelotons à exécuter ensemble ce qu'ils ont appris séparément, et de préparer l'escadron à tout ce qu'il doit exécuter dans un régiment.

L'escadron est composé comme il est prescrit titre 1er, art. 1er.

La tenue des cavaliers et celle des chevaux sont les mêmes qu'à l'*École du peloton*.

L'*École de l'escadron* étant la base des *Évolutions de régiment*, le capitaine commandant veille à ce que les chefs de peloton exécutent avec régularité ce qui leur est commandé, et fassent toujours les commandements à propos et dans l'intonation prescrite. Il exige que les guides particuliers, les serre-files et les sous-officiers ou brigadiers d'encadrement agissent dans les différents mouvements avec calme et sans hésitation.

Le capitaine commandant fait alterner les officiers pour le commandement des pelotons, afin qu'ils aient une égale habitude de toutes les positions dans l'escadron.

Il en use de même à l'égard des sous-officiers, et leur donne quelquefois le commandement d'un peloton, pour les mettre en état de remplacer un officier au besoin.

Afin de faire mieux comprendre les formations en bataille, on les exécute d'abord de pied ferme. Dans ce cas, chaque peloton ne fait son mouvement que successivement, au commandement de son chef, et à l'avertissement du capitaine commandant.

Chaque mouvement, après avoir été correctement exécuté par la droite, est répété par la gauche.

A mesure que l'escadron acquiert du calme et de l'assurance, et qu'un article est bien compris, cet article est répété le sabre à la main, et alternativement aux trois allures, excepté *les à-droite, les à-gauche, les demi-tours par quatre, la contre-marche. les conversions à pivot mouvant par escadron, les obliques individuels en marchant par escadron,* qui ne s'exécutent qu'au pas et au trot.

On fait *monter à cheval* et *mettre pied à terre* par temps, mais sans explication.

L'escadron est exercé au maniement des armes une fois par semaine ; ce travail s'exécute à rangs ouverts ; le capitaine en second surveille le deuxième rang.

Le capitaine commandant s'assure que, dans tous les mouvements, les distances entre les pelotons sont exactement observées ; que les cavaliers conservent beaucoup d'aisance entre eux, et que ceux du deuxième rang sont, non-seulement dans la direction de leurs chefs de file, mais encore à 2/3 de mètre de tête à croupe.

Le capitaine en second chargé de l'alignement du deuxième rang et des serre-files surveille cette partie importante de l'instruction ; il reprend sa place de bataille au commandement Fixe.

Lorsque l'escadron est suffisamment instruit, le capitaine commandant fait exécuter tous les mouvements sur des lignes obliques au carré du terrain, ce qui oblige tous les officiers, sous-officiers et cavaliers, à une plus grande attention pour se maintenir dans la direction donnée.

Le capitaine commandant se porte partout où il juge sa présence nécessaire ; il exige qu'on observe un silence absolu, et que toute espèce de rectification se fasse par signe ou à voix basse.

ARTICLE Ier.

Alignement successif des pelotons dans l'escadron.

Alignement de l'escadron.

Ouvrir et serrer les rangs.

Rompre l'escadron par quatre.

Marche directe en colonne par quatre.

Changement de direction.

Marche oblique individuelle.

L'escadron marchant en colonne par quatre, le former en avant, à gauche ou sur la droite en bataille.

Régler la vitesse des allures.

Former l'escadron sur un rang et le former sur deux.

---

592. L'escadron étant formé sur deux rangs ouverts, les sous-officiers, brigadiers et cavaliers à la tête de leurs chevaux, les chefs de peloton à cheval, à 10 pas (10 mètres) vis-à-vis du centre de leurs pelotons et leur faisant face, le capitaine commandant commande :

1. *Garde à vous.*
2. *A droite*=ALIGNEMENT.
3. FIXE.

Il commande ensuite :

Dans chaque peloton = *et dans chaque rang* = COMPTEZ-VOUS (*par*) QUATRE.

A ce commandement, les cavaliers se comptent dans les quatre pelotons à la fois, en commençant par la droite de chaque rang.

Le capitaine commandant fait ensuite monter à cheval.

Au commandement *Reprenez*=VOS RANGS, les chefs de peloton se portent en avant, font face en tête par *demi-tour à droite*, et se placent devant le centre de leur troupe, la croupe de leurs chevaux à un pas (1 mètre) de la tête des chevaux du premier rang. Les serre-files suivent le deuxième rang.

Alignement successif des pelotons dans l'escadron.

593. L'escadron étant en bataille, le capitaine commandant fait placer les deux sous-officiers guides principaux de droite et de gauche, sur une ligne parallèle au front de l'escadron, à 30 pas en avant des guides particuliers, se faisant face de la même manière que s'ils étaient placés en points intermédiaires.

À l'avertissement du capitaine commandant, le chef du premier peloton commande : 1. *Peloton en avant ;* 2. *Guide à droite ;* 3. MARCHE.

Au commandement MARCHE, le peloton se porte en avant ; à un pas (1 mètre) du point qui marque la droite du nouvel alignement, le chef du peloton commande : 1. HALTE ; 2. *A droite* = ALIGNEMENT.

Le chef du peloton et le guide particulier de droite, au commandement HALTE, continuent de marcher et s'établissent immédiatement, celui-ci appuyant la tête de son cheval à la botte du guide principal de droite.

Le premier peloton étant correctement aligné, le capitaine commandant commande :

1. *Par peloton* = *à droite* = ALIGNEMENT.
2. FIXE.

Au premier commandement, le chef du deuxième peloton commande :

1. *Peloton en avant.*

2. *Guide à droite.*
3. MARCHE.

Arrivé à hauteur des serre-files du peloton base d'alignement, il commande :

1. HALTE.
2. *A droite*=ALIGNEMENT.

et se porte en même temps sur l'alignement du chef de ce peloton.

Au commandement HALTE, le peloton s'arrête. Au commandement *A droite*=ALIGNEMENT, tous les cavaliers se portent ensemble sur l'alignement.

Chaque chef de peloton fait successivement exécuter le même mouvement, ne commandant MARCHE que lorsque celui qui le précède a commandé HALTE.

Le guide particulier de gauche, au commandement HALTE du chef du quatrième peloton, vient appuyer la tête de son cheval à la botte du guide principal de gauche.

L'escadron étant aligné, le capitaine commandant commande : FIXE.

594. Cet alignement s'exécutant correctement, on le fait répéter en donnant à la nouvelle base d'alignement une direction oblique au front de l'escadron. A cet effet, le chef du premier peloton, à l'avertissement du capitaine commandant, porte son peloton à vingt-quatre pas (24 mètres) en avant, lui fait exécuter un demi-à-droite aux commandements 1. *Demi* = (*à*) DROITE ; 2. *En* = AVANT ; et après avoir marché six pas (6 mètres) dans cette nouvelle direction, il l'aligne.

Le premier peloton étant correctement aligné, le capitaine commandant commande :

1. *Par peloton*=*à droite*=ALIGNEMENT.
2. FIXE.

1.

Au premier commandement, le mouvement s'exécute successivement ; chaque chef de peloton se porte droit devant lui, et commande :

1. *Demi=(à)* DROITE.
2. *En =* AVANT.

de manière que son peloton n'exécute sa conversion à pivot fixe qu'au moment où la droite arrive à hauteur de la gauche du peloton qui le précède.

L'escadron étant aligné, le capitaine commandant commande : FIXE.

595. Le capitaine commandant veille à ce que les officiers s'alignent promptement entre eux, sur une ligne parallèle à la base de l'alignement, à ce qu'ils ne mettent pas trop d'intervalle entre les commandements HALTE et *A droite =* ALIGNEMENT, pour ne pas ralentir les alignements successifs, et à ce que les sous-officiers observent l'alignement général, sans avoir égard à l'alignement individuel. Dès que ces derniers sont correctement alignés entre eux, il commande : FIXE.

Alignement de l'escadron.

596. Le capitaine commandant, après avoir placé le guide particulier de droite, de manière qu'aucun cavalier ne soit obligé de reculer, commande :

1. *A droite=*ALIGNEMENT.
2. FIXE.

Au premier commandement, tous les cavaliers s'alignent promptement à droite, sans à-coup, et sans se serrer ni rechercher leurs chevaux.

L'escadron étant aligné, le capitaine commandant commande : FIXE.

597. Le capitaine commandant fait exécuter ces différents

alignements par la gauche suivant les mêmes principes et par les moyens inverses.

Ouvrir et serrer les rangs.

598. Pour faire ouvrir les rangs, le capitaine commandant commande :

    1. *En arrière ouvrez vos rangs.*
    2. MARCHE.
    3. *A droite*=ALIGNEMENT.
    4. FIXE.

Ce qui s'exécute comme il est prescrit à l'*École du peloton à cheval*. Les cavaliers du deuxième rang reculent de six pas (6 mètres) ; et les chefs de peloton, au commandement MARCHE, se portent à 6 pas (6 mètres) en avant, et font face au centre de leurs pelotons par un *demi-tour à gauche*.

599. Pour faire serrer les rangs, le capitaine commandant commande :

    1. *Serrez vos rangs.*
    2. MARCHE.
    3. *A droite*=ALIGNEMENT.
    4. FIXE.

Ce qui s'exécute comme il est prescrit à l'*École du peloton à cheval*. Les chefs de peloton se portent en avant au commandement MARCHE, font face en tête par un *demi-tour à droite*, et se placent au centre de leur troupe.

Rompre l'escadron par quatre.

600. L'escadron étant en bataille, le capitaine commandant commande :

    1. *Par quatre.*

2. MARCHE.
3. *Guide à gauche.*

Au premier commandement, le chef du premier peloton se place devant les quatre files de droite de son peloton, et le guide particulier de droite se place à sa droite.

Au commandement MARCHE, les quatre premières files se portent droit devant elles, et sont suivies par les.autres files, qui rompent successivement, comme il est prescrit à l'*École du peloton à cheval.*

Les chefs des autres pelotons rompent avec les quatre premières files de leurs pelotons, et se maintiennent à leur hauteur, à un pas sur le flanc du côté du guide, chaque rang de quatre ne conservant que deux tiers de mètre de distance de l'un à l'autre.

Il est essentiel que les files, après avoir marché six pas (6 mètres) droit devant elles, ne cherchent pas à entrer trop tôt dans la colonne et restent dans l'oblique individuel jusqu'à ce qu'elles la rencontrent.

Le capitaine commandant ne commande le guide que lorsque les quatre premières files ont rompu.

601. En arrivant sur le terrain d'exercice, le capitaine commandant commande :

1. *Colonne.*
2. HALTE.

Marche directe en colonne par quatre.

602. Quand la colonne est arrêtée, le capitaine commandant s'assure que les officiers, les serre-files et les guides particuliers sont placés comme il est prescrit (tit. 1er, art. 2) ; ensuite, il commande :

1. *Colonne en avant.*
2. MARCHE.
3. *Guide à gauche.*

603. Le but de cette marche en colonne étant de calmer les chevaux et de donner de l'ensemble aux allures, les cavaliers évitent de rechercher leurs chevaux ; mais le capitaine commandant exige qu'ils se conforment aux principes de la marche directe ; que les rangs de quatre soient exactement alignés ; que les files marchent dans une même direction ; que les cavaliers, rapprochés botte à botte, conduisent leurs chevaux sans employer de force, conservant la position du corps et la main de la bride bien placée.

604. La colonne ayant marché par quatre, pendant un quart d'heure au moins, le capitaine commandant commande :

1. *Au trot.*
2. MARCHE.

Au commandement MARCHE , les cavaliers prennent le *trot,* ayant toujours soin de ne point rechercher leurs chevaux, et de les calmer quand ils s'animent.

Lorsque la colonne a parcouru *au trot* environ mille pas (1,000 mètres), le capitaine commandant commande :

1. *Au pas.*
2. MARCHE.

Ayant marché quelque temps, on fait reprendre l'allure *du trot,* et après avoir de nouveau parcouru mille pas (1,000 mètres), on fait passer *au pas.*

Le capitaine commandant choisit pour changer d'allure l'instant où l'escadron marche avec calme et ensemble ; il exige qu tous les cavaliers prennent à la fois et sans à-coup l'allure indiquée.

Changement de direction.

605. L'escadron marchant en colonne par quatre, la droite en tête, pour lui faire exécuter des changements de direction, le capitaine commandant commande :

Tête de colonne à gauche (ou à droite).

Ce qui s'exécute comme il est prescrit à l'*École du peloton à cheval*, le chef du premier peloton se conformant à ce qui est indiqué par le sous-instructeur.

Marche oblique individuelle.

506. L'escadron marchant en colonne par quatre, la droite en tête, pour lui faire exécuter les obliques individuels, le capitaine commandant commande :

1. *Oblique à gauche (ou à droite).*
2. MARCHE.

Ce qui s'exécute comme il est prescrit à l'*École du peloton à cheval.*

L'escadron marchant en colonne par quatre, le former en avant, à gauche ou sur la droite en bataille.

607. L'escadron marchant en colonne par quatre, la droite en tête, pour le former en avant en bataille, le capitaine commandant commande :

1. *En avant en bataille.*
2. MARCHE.
3. *A droite*=ALIGNEMENT.
4. FIXE.

Au commandement Marche , les quatre premières files continuent de marcher droit devant elles ; lorsqu'elles ont marché trente pas, le chef du premier peloton commande : Halte.

A ce commandement, les quatre premières files arrêtent bien carrément, le guide particulier de droite se remet à la droite de l'escadron. Toutes les autres files viennent successivement, et sans commandement des chefs de peloton, se former à la gauche et sur l'alignement des premières, comme il est prescrit à l'*École du peloton à cheval*, en arrivant par un oblique individuel, dans la direction de la place qu'elles doivent occuper, de manière à pouvoir se redresser avant de se porter sur la ligne.

Le capitaine commandant, qui s'est porté à l'aile droite après le commandement Marche, ne commande l'alignement que lorsque le chef du premier peloton a commandé : Halte.

Le capitaine en second se porte également à l'aile droite, après le commandement Marche , pour rectifier l'alignement du deuxième rang et des serre files.

A mesure que les chefs de peloton arrivent sur la ligne, ils se placent au centre de leurs pelotons et s'alignent.

Le guide particulier de gauche se met à la gauche de l'escadron, quand les quatre dernières files arrivent sur la ligne.

Le capitaine commandant ne commande Fixe que lorsque les quatre dernières files sont alignées.

608 La colonne marchant la droite en tête, pour la former en bataille sur son flanc gauche, le capitaine commandant commande :

    1. *A gauche en bataille.*

2. MARCHE.
3. *A droite*=ALIGNEMENT.
4. FIXE.

Au commandement MARCHE, les quatre premières files tournent à gauche et se portent droit devant elles; lorsqu'elles ont marché trente pas, le chef du premier peloton commande : HALTE.

A ce commandement, les quatre premières files arrêtent bien carrément, et le guide particulier de droite se remet à la droite de l'escadron. Toutes les autres files viennent successivement, et sans commandement des chefs de peloton, se former à la gauche et sur l'alignement des premières comme il est prescrit à l'*Ecole du peloton à cheval*, observant de se maintenir carrément et dans la même direction, avant de tourner à gauche, afin de ne pas se rapprocher de la ligne de bataille.

Le capitaine commandant, le capitaine en second, les chefs de peloton et le guide particulier de gauche se conforment exactement à ce qui est prescrit pour l'*En avant en bataille*.

609. La colonne marchant la droite en tête, pour la former en bataille sur le prolongement en avant de son flanc droit, le capitaine commandant commande :

1. *Sur la droite en bataille*.
2. MARCHE.
3. *A droite*=ALIGNEMENT.
4. FIXE.

Au commandement MARCHE, les quatre premières files tournent à droite, et se portent droit devant elles ; lorsqu'elles ont marché trente pas, le chef du premier peloton commande : HALTE.

A ce commandement, les quatre premières files arrêtent bien carrément, et le guide particulier de droite se remet à la droite de l'escadron. Toutes les autres files continuent de marcher droit devant elles, et viennent successivement, et sans commandement des chefs de peloton, se former à la gauche et sur l'alignement des premières, comme il est prescrit à l'*École du peloton à cheval*, observant de se maintenir carrément et dans la même direction avant de tourner à droite, afin de ne pas se rapprocher de la ligne de bataille.

Le capitaine commandant, le capitaine en second, les chefs de peloton et le guide particulier de gauche se conforment exactement à ce qui est prescrit pour l'*En avant en bataille*.

610. On fait rompre l'escadron par la gauche, aux commandements : 1. *Par la gauche par quatre ;* 2. MARCHE; 3. *Guide à droite,* et on l'exerce à la marche en colonne, aux changements de direction et à la marche oblique individuelle. Il est aussi exercé aux différentes formations qui s'exécutent, suivant les mêmes principes et par les moyens inverses, aux commandements : 1. *En avant (à droite* ou *sur la gauche) en bataille;* 2. MARCHE ; 3. *A gauche =* ALIGNEMENT ; 4. FIXE.

611. Dans toutes ces formations, on s'attache de plus en plus à la régularité de l'exécution, à mesure que les cavaliers s'y habituent et que les chevaux deviennent plus calmes.

On répète cette première instruction plusieurs jours de suite, et lorsque l'escadron paraît affermi dans les principes de la marche directe en colonne par quatre, des changements de direction, des obliques, et des diverses formations en bataille, on fait exécuter tous ces mouvements *au trot,* et ensuite *au galop*.

Régler la vitesse des allures.

612. Quand les marches et formations prescrites ci-dessus ont mis dans les allures assez d'ensemble et de

précision, le capitaine commandant s'occupe d'en régler la
vitesse. A cet effet, il fait mesurer deux longueurs d'environ 1000 pas (1000 mètres), et les fait parcourir successivement à l'une et à l'autre allure, pour s'assurer qu'elles
sont réglées de manière à faire 100 à 110 pas (100 à 110
mètres) par minute *au pas*, et 200 à 220 pas (200 à 220
mètres) *au trot*.

Quant à la vitesse du *galop*, elle est de 300 pas (300
mètres) par minute.

Lorsqu'on est parvenu à régler la vitesse des allures, le
capitaine commandant fait passer successivement *du pas
au trot*, et *du trot au galop ;* et si la colonne se désunit
au galop, il fait reprendre *le trot* et ensuite *le pas*, ayant
l'attention de ne pas employer trop souvent ou trop long-
temps l'allure *du galop*.

Lorsque l'on a obtenu la précision et la régularité dans
les formations aux diverses allures, le capitaine commandant exerce l'escadron à rompre par quatre de pied ferme *au
trot et au galop*.

Dans un terrain très-uni, les distances ci-dessus indi-
quées peuvent se parcourir en moins de temps ; mais on
ne doit alonger les allures que dans les circonstances
extraordinaires. On exerce l'escadron à ce qu'il doit exécuter en pareil cas, en lui faisant allonger *le trot* de temps
à autre ; on donne rarement cette leçon, et seulement quand
les allures sont franches et parfaitement réglées.

Former l'escadron sur un rang et le former sur deux.

643. Pour former l'escadron sur un rang et le reformer
sur deux, on se conforme à ce qui est prescrit à *l'École du
peloton à cheval*.

La formation de l'escadron sur un rang n'est en usage
que pour *les revues d'inspection ;* dans ce cas, les officiers
passent à la droite de l'escadron, et, après eux, les sous-
officiers, brigadiers, cavaliers et trompettes, à leur rang de
contrôle.

644. L'escadron étant formé sur deux rangs serrés, le capitaine commandant fait mettre pied à terre et défiler, comme il est prescrit à l'*École du peloton à cheval*. Le capitaine commandant, le capitaine en second et les chefs de peloton restent à cheval pour surveiller le mouvement. Les chefs de peloton ne mettent pied à terre que successivement, lorsque le dernier cavalier de leur peloton a défilé; le capitaine commandant et le capitaine en second, quand tout le mouvement est terminé.

ARTICLE II.

L'escadron étant en bataille, le former en colonne avec distance.

Marcher en colonne avec distance.

Changement de direction par des conversions successives.

Marche oblique individuelle.

Changer d'allure étant en colonne avec distance.

Rompre par quatre, par deux, par un; doubler par deux, par quatre, et former les pelotons à la même allure.

Mêmes mouvements en doublant l'allure.

L'escadron marchant en colonne avec distance, faire face au côté opposé à sa direction, et se remettre face en tête.

Arrêter la colonne.

A gauche en bataille.

Rompre par la droite pour marcher vers la gauche.

A droite ordre inverse en bataille.

Rompre en arrière par la droite pour marcher vers la gauche.

Sur la droite en bataille.

Sur la gauche ordre inverse en bataille.

Rompre par pelotons en avant de son front.

En avant en bataille.

Rompre par pelotons à droite et se porter en avant après la conversion.

En avant ordre inverse en bataille.

Rompre par pelotons à droite, tête de colonne à gauche ou demi-à-gauche.

Sur la queue de la colonne face en arrière en bataille.

Sur la queue de la colonne face en arrière ordre inverse en bataille.

Rompre par pelotons à droite, tête de colonne à droite ou demi-à-droite.

Sur la tête de la colonne face en arrière en bataille.

Sur la tête de la colonne face en arrière ordre inverse en bataille.

Mouvements par quatre, l'escadron étant en colonne avec distance.

L'escadron étant en bataille, le former en colonne avec distance.

615. Le capitaine commandant commande :

1. *Pelotons à droite.*

2. Marche.
3. Halte.

Au premier commandement, la file de gauche de chaque peloton se prépare à déboîter légèrement, et le pivot à tourner sur place.

Au commandement Marche, chaque peloton exécute son *à-droite* suivant les principes des conversions à pivot fixe, les ailes marchantes ayant soin de déboîter et de converser ensemble.

Au commandement Halte, les ailes marchantes et tous les cavaliers arrêtent à la fois ; ceux du deuxième rang reprennent leurs chefs de file.

Le capitaine commandant commande : Halte, à l'instant où les pelotons sont près de finir leurs conversions.

Les chefs de peloton, sans quitter le centre de leur troupe, veillent à l'exécution correcte du mouvement ; après les conversions, si quelque guide ne se trouve pas dans la direction du guide qui le précède, il ne doit chercher à s'y mettre que lorsque la colonne est en marche.

Pendant la durée du mouvement, le guide particulier de gauche passe en serre-file derrière la deuxième file de gauche du quatrième peloton.

Le capitaine commandant s'assure que chaque officier et sous-officier conserve la place qui lui est assignée dans cet ordre de colonne (titre Ier, art. 2).

Marcher en colonne avec distance.

646. La colonne avec distance a pour objet, en transportant une troupe d'une position à une autre, de conserver la possibilité de la former en bataille dans tous les sens.

Dans cet ordre de colonne, les guides doivent conserver, entre eux et le guide du peloton qui les précède, une distance égale au front de leur peloton, et régler leur allure sur celle de ce même guide.

L'observation des distances étant l'objet le plus essentiel

dans la marche en colonne. tout lui est subordonné ; mais les guides ont l'attention d'éviter, autant qu'il se peut, de changer d'allure sans commandement. et s'il arrive que leur distance augmente ou diminue, ils font en sorte de réparer cette faute avec modération et sans à-coup.

Les chefs de peloton sont responsables de la conservation de la distance, qui doit être de la moitié du front du peloton, 6 pas (6 mètres) comptés de la croupe des chevaux du deuxième rang qui précède, à la tête des chevaux du premier rang de leur peloton.

Les obstacles du terrain rendent quelquefois impossible de conserver la direction des guides : il suffit alors d'astreindre le guide de chaque peloton à passer par les mêmes points que le guide qui le précède.

Le premier peloton d'une colonne qui se met en marche doit toujours modérer son allure, afin de donner à la colonne le temps de prendre, de la tête à la queue, un mouvement uniforme et régulier.

647. L'escadron étant en colonne avec distance, la droite en tête, le capitaine commandant commande :

1. *Colonne en avant.*
2. Marche.
3. *Guide à gauche.*

Au commandement Marche, tous les pelotons se mettent en mouvement à la fois.

Avant de mettre la colonne en marche. le capitaine commandant donne au guide du premier peloton un point de direction ; ce sous-officier choisit des points intermédiaires afin d'être sûr de marcher droit. On indique toujours au guide du deuxième peloton le point fixe donné au guide du premier ; celui-ci sert de point intermédiaire à l'autre. Ces deux sous-officiers conservent, pendant toute la durée de la marche, la direction qui leur a été donnée.

Les guides des troisième et quatrième pelotons se tiennent exactement dans la même direction.

Changement de direction par des conversions successives.

648. Dans la colonne avec distance, les changements de direction s'exécutent par des conversions successives *à pivot mouvant*, afin qu'il n'en résulte aucun retard dans la marche. *L'arc de cercle décrit par les pivots des pelotons doit être de cinq pas.*

La colonne étant en marche, pour faire changer de direction, le capitaine commandant commande :

> *Tête de colonne à gauche* (ou *demi-à-gauche.*
> *Tête de colonne à droite* (ou *demi-à-droite.*

A ce commandement, le chef du premier peloton commande : 1. *Tournez*=(*à*)GAUCHE ; *En*=AVANT ; ce qui s'exécute suivant les principes des conversions à pivot mouvant.

Chaque chef de peloton fait successivement les mêmes commandements. de manière que son peloton tourne sur le même terrain où le premier a tourné.

Dans ce changement de direction en marchant, le guide principal de droite, au commandement *Tête de colonne à gauche*, se porte rapidement en avant, du côté du pivot, et se place de manière à marquer, avec la tête de son cheval, le milieu de l'arc de cercle que le pivot doit parcourir.

Tous les pelotons commencent leur conversion à 2 pas 1/2 (2 mètres 1/2) avant d'arriver à hauteur de la tête du cheval du guide principal de droite, ce qui empêche la colonne de se jeter en dehors. Ce sous-officier reprend sa place quand le dernier peloton a achevé sa conversion.

Immédiatement après avoir changé de direction, le capitaine commandant donne un nouveau point de direction au guide du premier peloton.

La conservation exacte des distances, après les changements de direction, tient à l'égalité que les pelotons observent dans l'augmentation de l'allure prescrite aux ailes marchantes : il est donc important que le peloton qui est en tête ne tourne ni trop vivement ni trop lentement, et que chacun règle le degré de vitesse de sa conversion sur celui qui le précède.

Quand le changement de direction s'exécute du côté opposé au guide, le pivot en tient lieu pendant la durée de la conversion.

Marche oblique individuelle.

649. L'escadron marchant en colonne avec distance, la droite en tête, pour lui faire gagner du terrain vers l'un de ses flancs, sans changer le front de la colonne, le capitaine commandant commande :

1. *Oblique à gauche* (ou *à droite*).
2. MARCHE.

Ce qui s'exécute à la fois dans chaque peloton, comme il est prescrit à l'*École du peloton à cheval*.

Les guides des trois derniers pelotons ont l'attention de marcher à la même hauteur, de conserver leurs distances et de se maintenir dans une direction exactement parallèle à celle du guide du premier peloton, qu'ils ne doivent jamais dépasser.

Pour faire reprendre la direction primitive, le capitaine commandant commande :

En = AVANT.

Ce qui s'exécute à la fois dans chaque peloton, comme il est prescrit à l'*École du peloton à cheval*.

620. Lorsque la marche oblique doit s'exécuter du côté opposé au guide, les serre-files conservent leur place, nonobstant le changement de guide.

Changement d'allure étant en colonne avec distance.

621. On fait passer la colonne du *pas au trot*, et du *trot au pas;* et, lorsque les pelotons ont pris de l'ensemble dans ces changements d'allure, on fait partir *au trot*, la colonne étant de pied ferme; et l'on fait arrêter, la colonne marchant *au trot*.

Le capitaine commandant veille à ce que les pelotons arrêtent, partent et changent d'allure tous à la fois.

Il faut aussi parfois allonger ou diminuer insensiblement l'allure de la tête de colonne, sans commandement, pour juger de l'attention des guides, et les habituer à se conformer aux différentes progressions d'allure des pelotons qui les précèdent.

Rompre par quatre, par deux, par un; doubler par deux, par quatre, et former les pelotons à la même allure.

622. L'escadron marchant en colonne avec distance, la droite en tête, pour rompre par quatre à la même allure, le capitaine commandant commande :

1. *Par quatre.*
2. MARCHE.
3. *Guide à gauche.*

Au premier commandement, répété par le chef du premier peloton, cet officier et le guide particulier de droite se placent comme il est prescrit pour rompre par quatre de pied ferme.

Au commandement MARCHE, répété par le chef du premier peloton, ce peloton rompt par quatre comme il est prescrit à l'*École du peloton à cheval*, et les chefs des trois derniers pelotons commandent : HALTE.

Le chef du deuxième peloton, et successivement ceux des troisième et quatrième, commandent : *Par quatre*, assez à temps pour commander : MARCHE, à l'instant où les quatre dernières files du peloton qui précède commencent leur oblique pour entrer dans la colonne.

623. L'escadron marchant en colonne par quatre, la droite en tête, pour rompre par deux, à la même allure, le capitaine commandant commande :

1. *Par deux.*
2. MARCHE.
3. *Guide à gauche.*

Les chefs de peloton se conforment à ce qui est prescrit pour la rupture par quatre, et font les commandements : HALTE, et ensuite : 1. *Par deux*; 2. MARCHE, de manière à ne causer aucune interruption dans la colonne.

624. L'escadron marchant en colonne par deux, la droite en tête, pour rompre par un, à la même allure, le capitaine commandant commande :

1. *Par un.*
2. MARCHE.

Ce qui s'exécute comme il est prescrit à l'*École du peloton à cheval*, pour les dédoublements par deux ; le guide particulier de droite se plaçant derrière le chef du premier peloton.

625. L'escadron marchant en colonne avec distance, *au trot*, la droite en tête, pour rompre par quatre, à la même allure, le capitaine commandant commande :

1. *Par quatre.*
2. MARCHE.
3. *Guide à gauche.*

Au premier commandement, répété par le chef du premier peloton, cet officier et le guide particulier de droite se placent comme il est prescrit pour rompre par quatre de pied ferme, et les chefs des trois derniers pelotons commandent : *Au pas.*

Au commandement MARCHE, répété par tous les chefs de peloton, le premier peloton rompt par quatre, comme il est prescrit à l'*Ecole du peloton à cheval*, et les trois derniers pelotons prennent *le pas.*

Le chef du deuxième peloton, et successivement ceux des troisième et quatrième, commandent : *Par quatre = au trot,* assez à temps pour commander : MARCHE, quand les quatre dernières files du peloton qui précède commencent leur oblique pour entrer dans la colonne.

Ces principes sont applicables aux dédoublements par deux et par un.

626. Lorsque la colonne est *au galop,* on se conforme exactement à ce qui vient d'être prescrit, la colonne passant *au trot,* excepté les quatre premières files, et toutes les autres ne reprenant successivement le *galop* qu'à mesure qu'elles rompent pour entrer dans la colonne.

627. L'escadron marchant en colonne par un, la droite en tête, pour faire marcher deux à la même allure, le capitaine commandant commande :

1. *Marchez deux.*
2. MARCHE.

Aux commandements: *Marchez deux* et MARCHE, successivement répétés par le chef du premier peloton, ce peloton exécute son mouvement comme il est prescrit à l'*École du peloton à cheval*; le guide particulier de droite se porte à la droite du chef du premier peloton. qui commande : HALTE, après avoir marché 10 pas.

Les trois autres pelotons continuent de marcher par un, et exécutent successivement leur doublement aux commandements de leurs chefs, qui ne commandent : MARCHE, qu'à l'instant où la première file de leur peloton arrive à sa distance.

628. L'escadron marchant en colonne par deux, la droite en tête, pour faire marcher quatre, à la même allure, le capitaine commandant commande.

> 1. *Marchez quatre.*
> 2. MARCHE.

Ce qui s'exécute comme il est prescrit pour le doublement par deux.

629. L'escadron marchant en colonne par quatre, la droite en tête, pour faire former les pelotons, à la même allure, le capitaine commandant commande :

> 1. *Formez les pelotons.*
> 2. MARCHE.

Au premier commandement, le chef du premier peloton commande : *Formez le peloton.*

Au commandement MARCHE, répété par le chef du premier peloton, le guide particulier de droite se met à la droite de ce peloton, qui se forme comme il est prescrit à l'*École du peloton à cheval*. Le chef du peloton commande : HALTE, après avoir marché vingt pas.

Les autres pelotons continuent de marcher en colonne par quatre, et ne se forment successivement qu'aux commandements : 1. *Formez le pe-*

loton ; 2. MARCHE, faits par leurs chefs assez à temps pour commander: HALTE, lorsque les quatre premières files de leur peloton arrivent à six pas du peloton qui précède.

630. Lorsque la colonne est *au trot*, on se conforme aux mêmes principes, excepté qu'au lieu d'arrêter, les deux ou quatre premières files du premier peloton passent *au pas*, au commandement MARCHE de leur chef. Les autres pelotons continuent de marcher *au trot* et exécutent leur mouvement à la même allure, les deux ou quatre premières files de chaque peloton passant également *au pas*, au commandement MARCHE fait par leurs chefs, quand elles arrivent à leur distance.

Lorsque la colonne est *au galop*, pour doubler à la même allure, on se conforme aux mêmes principes, les deux ou quatre premières files de chaque peloton passant *au trot* au commandement MARCHE de leur chef.

631. Lorsque l'on double en marchant *au trot* ou *au galop*, le guide est commandé par le capitaine commandant aussitôt que les premières files ont doublé, ou que le premier peloton est formé; dans ce dernier cas seulement, chaque chef de peloton répète le commandement du guide dès que son peloton est formé.

632. Dans le doublement *au pas*, le guide n'est pas commandé, la tête de la colonne devant s'arrêter.

Rompre par quatre, par deux et par un; doubler par deux, par quatre, et former les pelotons, en doublant l'allure.

633. L'escadron marchant en colonne avec distance, la droite en tête, pour rompre par quatre, en doublant l'allure, le capitaine commandant commande:

    1. *Par quatre* = *au trot.*
    2. MARCHE.
    3. *Guide à gauche.*

2.

Au premier commandement, répété par le chef du premier peloton, cet officier et le guide particulier de droite se placent comme il est prescrit pour rompre par quatre de pied ferme.

Au commandement Marche, répété par le chef du premier peloton, ce peloton rompt par quatre, comme il est prescrit à l'*Ecole du peloton à cheval.*

Les autres pelotons continuent de marcher *au pas;* leurs chefs commandent successivement: *Par quatre=au trot,* assez à temps pour commander : Marche, à l'instant où les quatre dernières files du peloton qui précède commencent leur oblique pour entrer en colonne.

Ces principes sont applicables aux dédoublements par deux et par un.

634. Lorsque la colonne est *au trot,* le dédoublement s'exécute *au galop,* suivant les mêmes principes, aux commandements: 1. *Par quatre = au galop;* 2. Marche ; 3. *Guide à gauche.*

Lorsque la colonne est *au galop,* le dédoublement s'exécute, à la même allure, comme il est prescrit pour les dédoublements à la même allure.

635. L'escadron marchant en colonne par un, pour faire marcher deux, en doublant l'allure, le capitaine commandant commande :

1. *Marchez deux=au trot.*
2. Marche.
3. *Guide à gauche.*

Aux commandements *Marchez deux = au trot* et Marche, successivement répétés par le chef du premier peloton, ce peloton exécute son mouvement comme il est prescrit à l'*Ecole du peloton à cheval,* et le guide particulier de droite se porte à la droite du chef du premier peloton.

Au premier commandement, les chefs des trois derniers pelotons commandent : *Au trot.* Au commandement MARCHE, répété par eux, les trois derniers pelotons prennent *le trot.*

Le chef du deuxième peloton, et successivement les chefs des troisième et quatrième, commandent : *Marchez deux*, assez à temps pour commander : MARCHE, à l'instant où la première file de leur peloton est près d'arriver à sa distance ; cette première file passe alors *au pas.*

636. L'escadron marchant en colonne par deux, pour marcher quatre, en doublant l'allure, le capitaine commandant commande :

1. *Marchez quatre=au trot.*
2. MARCHE.
3. *Guide à gauche.*

Ce qui s'exécute comme il est prescrit à l'*École du peloton à cheval*, pour le doublement par deux.

637. L'escadron marchant en colonne par quatre, pour faire former les pelotons, en doublant l'allure, le capitaine commandant commande :

1. *Formez les pelotons=au trot.*
2. MARCHE.
3. *Guide à gauche.*

Au premier commandement, le chef du premier peloton commande : *Formez le peloton=au trot.*

Les chefs des trois derniers pelotons commandent : *Au trot.*

Au commandement MARCHE, répété par ces mêmes officiers, le premier peloton se forme comme il est prescrit à l'*École du peloton à che-*

val, et le guide particulier de droite se met à la droite de ce peloton.

Les trois derniers pelotons prennent *le trot*, et ne se forment successivement qu'au commandement *Formez le peloton*, fait par leurs chefs, assez à temps pour commander : MARCHE, lorsque les quatre premières files arrivent à leur distance du peloton qui les précède ; alors ces quatre premières files prennent *le pas*.

Le capitaine commandant ne commande *Guide à gauche* que lorsque le premier peloton est formé, et il lui donne un point de direction.

Chaque chef de peloton répète successivement le commandement du guide, dès que son peloton est formé.

638. Lorsque la colonne est *au trot*, les doublements s'exécutent *au galop*, suivant les mêmes principes, aux commandements : 1. *Marchez deux* (ou *marchez quatre*), (ou *formez les pelotons*)=*au galop*; 2. MARCHE.

Lorsque l'on est *au galop*, on double à la même allure, comme il est prescrit pour la formation du peloton à la même allure, la tête de colonne passant *au trot* au commandement MARCHE.

639. Les dédoublements et les doublements sont applicables au passage de défilé ; le capitaine commandant se plaçant toujours à la tête de son escadron pour en diriger les mouvements suivant les localités. S'il arrive que les chefs des derniers pelotons n'entendent pas le commandement, ils se conforment immédiatement aux mouvements des pelotons qui les précèdent.

L'escadron marchant en colonne avec distance, faire face au côté opposé à sa direction, et se remettre face en tête.

640. L'escadron marchant en colonne avec distance, la droite en tête, le capitaine commandant commande :

1. *Pelotons demi-tour à gauche.*
2. MARCHE.

Au premier commandement, le cavalier de l'aile gauche de chaque peloton qui doit servir de pivot se prépare à arrêter, sans cependant ralentir son allure.

Au commandement MARCHE, les pivots arrêtent et les ailes marchantes conversent ensemble à l'allure à laquelle la colonne marchait précédemment, se réglant sur l'aile du peloton tête de colonne, afin d'arriver en même temps à l'emboîtement, à la fin du premier quart de conversion.

Les ailes marchantes se règlent ensuite sur celle du peloton, qui doit avoir la tête de la colonne après le deuxième quart de conversion, pour arriver ensemble en colonne.

Le mouvement étant près de finir, le capitaine commandant commande :

1. *En* = AVANT.
2. *Guide à droite.*

Pendant la durée du mouvement, le guide particulier de gauche se place à la gauche du quatrième peloton ; le guide particulier de droite passe en serre-file derrière la deuxième file de droite du premier peloton, et les serre-files passent du côté opposé au guide.

644. Pour faire reprendre à l'escadron sa direction primitive, le capitaine commandant commande : 1. *Pelotons demi-tour à droite* ; 2. MARCHE ; 3. *En* = AVANT ; 4. *Guide à gauche* ; ce qui s'exécute comme il est prescrit n° 640, et par les moyens inverses.

642. Le demi-tour est habituellement commandé du côté du guide ; on peut néanmoins le commander du côté opposé lorsqu'il est nécessaire.

Arrêter la colonne.

643. La colonne étant en marche, le capitaine commandant commande :

> 1. *Colonne.*
> 2. HALTE.

Au premier commandement, tous les pelotons se préparent à arrêter.

Au commandement HALTE, tous les pelotons arrêtent à la fois.

Après le commandement HALTE, il ne doit y avoir aucun mouvement dans les pelotons, les distances et les directions ne devant se reprendre qu'en marchant.

Le capitaine commandant se porte derrière le guide du deuxième peloton, pour juger si ce guide et celui du premier peloton ont marché sur le point qui leur a été indiqué; il s'assure en même temps que les distances ont été bien observées. Si elles ne l'ont pas été, et que les guides n'aient pas marché sur le point indiqué, il remet la colonne en marche, pour leur faire reprendre leur distance et leur direction.

A gauche en bataille.

644. L'escadron étant en colonne avec distance, la droite en tête, pour le mettre en bataille sur son flanc gauche, le capitaine commandant commande :

> 1. *A gauche en bataille.*
> 2. MARCHE.
> 3. HALTE.
> 4. *A droite*=ALIGNEMENT.
> 5. FIXE.

Au premier commandement, le guide particulier de droite se porte sur le prolongement de la direction des guides de la colonne, à la distance du front d'un peloton, faisant face au côté vers lequel on doit se mettre en bataille.

Au commandement Marche, l'escadron se met en bataille, le cavalier de l'aile gauche de chaque peloton servant de pivot et tournant sur lui-même.

Le capitaine commandant commande Halte, à l'instant où les ailes marchantes sont près de finir leur emboîtement, et de suite : *A droite=* alignement.

A ce dernier commandement, les ailes marchantes achèvent leur emboîtement, et les pelotons s'alignent.

L'escadron étant aligné, le capitaine commandant commande : Fixe.

Pendant la durée de la conversion, le guide particulier de gauche reprend sa place de bataille.

645. Le capitaine commandant, après avoir commandé *A gauche en bataille*, s'assure, avant de commander Marche, que le guide particulier de droite est bien exactement sur la direction des guides de la colonne.

Aussitôt qu'il a commandé Halte, il se porte avec célérité à l'aile droite de l'escadron pour juger si les pivots ont bien exécuté leur mouvement, et si les officiers ainsi que les cavaliers s'alignent correctement.

Le guide particulier, qui se porte sur le prolongement des guides de la colonne, a l'attention de prendre plutôt trop de terrain que pas assez. Le conducteur de l'aile marchante du peloton qui est en tête ne doit se régler sur ce guide particulier que pour l'alignement, sans chercher à s'en rapprocher.

646. Pour former l'escadron en colonne avec distance, la gauche en tête, le capitaine commandant commande : 1. *Pelotons à gauche;* 2. Marche; 3. Halte; ce qui s'exécute comme il est prescrit pour former l'escadron en colonne

avec distance, la droite en tête, et par les moyens inverses.

Pour marcher en colonne avec distance, la gauche en tête, le capitaine commandant commande : 1. *Colonne en avant*; 2. MARCHE ; 3. *Guide à droite*; ce qui s'exécute comme il est prescrit quand on a la droite en tête.

Les changements de direction par des conversions successives et la marche oblique individuelle s'exécutent en marchant la gauche en tête, suivant les mêmes principes que lorsqu'on a la droite en tête; excepté que, dans les changements de direction, c'est le guide principal de gauche qui marque le point de la conversion, en se plaçant comme il est dit pour le guide principal de droite quand on a la droite en tête.

L'escadron marchant en colonne avec distance, la gauche en tête, on fait *rompre par quatre, par deux et par un, doubler par deux, par quatre, et former les pelotons* à la même allure ou en doublant l'allure, suivant les principes prescrits, la colonne ayant la droite en tête, et par les moyens inverses.

Pour les dédoublements on commande : 1. *Par la gauche par quatre* (ou *par deux* ou *par un*) ; 2. MARCHE.

L'escadron marchant en colonne avec distance, la gauche en tête, pour faire face au côté opposé à sa direction, on se conforme aux principes prescrits ayant la droite en tête, en employant les moyens inverses.

L'escadron marchant en colonne avec distance, la gauche en tête, pour l'arrêter, on se conforme à ce qui est prescrit ayant la droite en tête.

L'escadron étant en colonne avec distance, la gauche en tête, pour le former à droite en bataille, le capitaine commandant commande : 1. *A droite en bataille* ; 2. MARCHE; 3. HALTE; 4. *A gauche*=ALIGNEMENT ; 5. FIXE ; ce qui s'exécute comme il est prescrit pour l'*A gauche en bataille*, et par les moyens inverses.

Rompre par la droite pour marcher vers la gauche.

647. L'escadron étant en bataille, le capitaine commandant commande :

> 1. *Pelotons rompez par la droite=pour marcher vers la gauche.*
> 2. MARCHE.

Au premier commandement, le chef du premier peloton commande : 1. *Peloton en avant;* 2. *Guide à gauche.*

Au commandement MARCHE, répété par le chef du premier peloton, ce peloton marche dix pas droit devant lui; tourne à gauche, et se porte en avant aux commandements : 1. *Tournez = (à)* GAUCHE ; 2. *En*=AVANT.

Le chef du deuxième peloton, et successivement ceux des troisième et quatrième, commandent : 1. *Peloton en avant;* 2. *Guide à gauche,* quand le chef du peloton qui est à leur droite commande MARCHE ; et ils commandent MARCHE, lorsque ce chef de peloton, après avoir tourné à gauche, commande : *En*=AVANT.

A droite ordre inverse en bataille.

648. L'escadron marchant en colonne avec distance, la droite en tête, pour le mettre en bataille sur son flanc droit, le capitaine commandant change le guide ; à cet effet, il commande :

Guide à droite.

Le capitaine en second passe, par la queue de la colonne, du côté opposé aux guides, le capitaine commandant passe, par devant la tête de l'escadron, du côté des nouveaux guides, rectifie leur direction, arrête ensuite la colonne, et commande :

 1. *A droite ordre inverse en bataille.*
 2. MARCHE.
 3. HALTE.
 4. *A gauche*=ALIGNEMENT.
 5. FIXE.

Ce qui s'exécute comme il est prescrit pour l'à-gauche en bataille et par les moyens inverses.

Pendant la durée du mouvement, le guide particulier de gauche se place à la droite du quatrième peloton, et le guide particulier de droite, qui a servi à la formation, reste à la gauche du premier.

649. Pour remettre l'escadron en colonne, la droite en tête, le capitaine commandant commande : 1. *Pelotons à gauche;* 2. MARCHE; 3. HALTE (ou 3. *En* = AVANT); 4. *Guide à gauche.*

Le capitaine commandant passe du côté des guides, et le capitaine en second passe du côté opposé.

On peut également remettre l'escadron en bataille dans l'ordre naturel, par le mouvement de *pelotons demi-tour à gauche* ou *à droite.* Le capitaine en second suit l'aile marchante du peloton derrière lequel il se trouve.

650. L'escadron étant en bataille, on le rompt par la gauche pour marcher vers la droite, suivant les principes prescrits pour le rompre par la droite pour marcher vers la gauche, et par les moyens inverses, aux commandements : 1. *Pelotons rompez par la gauche=pour marcher vers la droite;* 2. MARCHE.

651. L'escadron marchant en colonne avec distance, la gauche en tête, on le met en bataille sur son flanc gauche (après avoir changé le guide et arrêté la colonne), suivant les principes prescrits la droite en tête, pour le mettre en bataille sur son flanc droit, et par les moyens inverses, aux commandements : 1. *A gauche ordre inverse en bataille;*

2. MARCHE ; 3. HALTE ; 4. *A droite* = ALIGNEMENT ; 5.
FIXE.

652. Pour remettre l'escadron en colonne, la gauche en
tête, le capitaine commandant commande : 1. *Pelotons à
droite ;* 2. MARCHE ; 3. HALTE (ou 3. *En*=AVANT) ; 4. *Guide
à droite.*

Il peut également remettre l'escadron en bataille dans
l'ordre naturel par le mouvement de *pelotons demi-tour à
droite* (ou *à gauche*).

Rompre en arrière par la droite pour marcher vers la gauche.

653. L'escadron étant en bataille, le capitaine commandant commande :

> 1. *Pelotons rompez en arrière par la droite
> =pour marcher vers la gauche.*
> 2. MARCHE.

Au premier commandement, le chef du premier peloton commande : *Pelotons demi-tour à
droite.*

Au commandement MARCHE, répété par le chef
du premier peloton, ce peloton exécute son *demi-
tour* ; lorsqu'il est près d'être terminé, son chef
commande : 1. *En*=AVANT, 2. *Guide à gauche ;*
et après avoir marché dix pas droit devant lui, il
commande : 1. *Tournez* = (*à*) DROITE ; 2. *En* =
AVANT.

Le chef du deuxième peloton, et successivement ceux des troisième et quatrième, commandent : *Peloton demi-tour à droite*, quand le
chef du peloton qui est à leur droite commande
MARCHE ; et ils commandent MARCHE, lorsque ce
même peloton a parcouru les trois quarts de sa
première conversion.

Sur la droite en bataille.

654. L'escadron marchant en colonne avec distance, la droite en tête, pour le mettre en bataille sur le prolongement en avant de son flanc droit, le capitaine commandant commande :

1. *Sur la droite en bataille.*
2. MARCHE.
3. *Guide à droite.*
4. FIXE.

Au premier commandement, le chef du premier peloton commande : *Tournez.*

Au commandement MARCHE, il commande : (à) DROITE ; le peloton tourne à droite et se porte droit devant lui au commandement *En*=AVANT ; lorsqu'il a marché trente pas, son chef commande : HALTE, et de suite : *A droite*=ALIGNEMENT.

Les autres pelotons continuent de marcher droit devant eux, sans se rapprocher de la ligne de bataille ; à mesure que chacun d'eux arrive à hauteur de la quatrième file de gauche du peloton qui doit être placé à sa droite, le chef du peloton commande : 1. *Tournez*=(à) DROITE ; 2. *En* AVANT, se dirige vers la place qu'il doit occuper en bataille, et lorsqu'il est arrivé à hauteur des serre-files, il commande : HALTE, et de suite : *A droite*=ALIGNEMENT.

L'escadron étant aligné, le capitaine commandant commande : FIXE.

Sur la gauche ordre inverse en bataille.

655. L'escadron marchant en colonne avec distance, la droite en tête, pour le mettre en bataille sur le prolonge-

ment en avant de son flanc gauche, le capitaine commandant commande :

> 1. *Sur la gauche ordre inverse en ba
>   taille.*
> 2. MARCHE.
> 3. *Guide à gauche.*
> 4. FIXE.

Au premier commandement, le chef du premier
peloton commande : *Tournez.*

Au commandement MARCHE, il commande : (*à*)
GAUCHE : le peloton tourne à gauche, et se porte
droit devant lui au commandement *En*=AVANT ;
lorsqu'il a marché trente pas, son chef commande : HALTE, et de suite : *A gauche*=ALIGNE
MENT.

Les autres pelotons continuent de marcher devant eux, sans se rapprocher de la ligne de bataille ; à mesure que chacun d'eux arrive à hauteur de la quatrième file de droite du peloton qui
doit être placé à sa gauche, le chef du peloton
commande : 1. *Tournez*=(*à*) GAUCHE, 2. *En*=
AVANT, se dirige vers la place qu'il doit occuper
en bataille, et lorsqu'il est arrivé à hauteur des
serre-files, il commande : HALTE, et de suite : *A
gauche*=ALIGNEMENT.

L'escadron étant aligné, le capitaine commandant commande : FIXE.

656. L'escadron étant en bataille, on le rompt en arrière
par la gauche pour marcher vers la droite, suivant les principes prescrits pour le rompre en arrière par la droite pour
marcher vers la gauche, et par les moyens inverses, aux
commandements : 1. *Pelotons rompez en arrière par la
gauche*= *pour marcher vers la droite ;* 2. MARCHE.

657. L'escadron marchant en colonne avec distance, la
gauche en tête, on le met en bataille sur le prolongement

en avant de son flanc gauche, suivant les principes prescrits la droite en tête, pour le mettre en bataille sur le prolongement en avant de son flanc droit, et par les moyens inverses. aux commandements : 1. *Sur la gauche en bataille* ; 2. MARCHE ; 3. *Guide à gauche* ; 4. FIXE.

658. L'escadron marchant en colonne avec distance, la gauche en tête, on le met en bataille sur le prolongement en avant de son flanc droit, suivant les principes prescrits la droite en tête, pour le mettre en bataille sur le prolongement en avant de son flanc gauche, et par les moyens inverses, aux commandements : 1. *Sur la droite ordre inverse en bataille;* 2. MARCHE; 3. *Guide à droite;* 4. FIXE.

Rompre par pelotons en avant de son front.

659. L'escadron étant en bataille, le capitaine commandant commande :

> 1. *Par pelotons=rompez l'escadron.*
> 2. MARCHE.
> 3. *Guide à gauche.*

Au premier commandement, le chef du premier peloton commande : *Peloton en avant,* et ceux des trois autres pelotons commandent : *Peloton demi-à-droite.*

Au commandement MARCHE, répété par ces mêmes officiers, le premier peloton se porte en avant; son chef répète l'indication du guide.

Chacun des autres chefs de peloton, lorsque son *demi-à-droite* est exécuté, commande : 1. *En=*AVANT; 2. *Guide à gauche,* et marche ensuite droit devant lui. Quand la gauche de son peloton arrive dans la direction du peloton qui précède, il commande : 1. *Demi=(à)* GAUCHE ; 2. *En=*AVANT, pour entrer dans la colonne.

Le capitaine commandant ne commande le guide que

lorsque le premier peloton a déboîté, et il lui donne un point de direction.

En avant en bataille.

660. L'escadron étant en colonne avec distance, la droite en tête, pour le former en bataille sur la tête de la colonne, le capitaine commandant commande :

1. *En avant en bataille.*
2. MARCHE.
3. *Guide à droite.*
4. FIXE.

Au premier commandement, le chef du premier peloton commande : *Peloton en avant,* et ceux des trois autres pelotons commandent : *Peloton demi-à-gauche.*

Au commandement MARCHE, répété par ces mêmes officiers, le premier peloton se porte en avant ; son chef répète l'indication du guide, et quand il a marché trente pas, il commande : 1. HALTE ; et de suite : 2. *A droite*=ALIGNEMENT.

Chacun des autres chefs de peloton, lorsque le *demi-à-gauche* est exécuté, commande : 1. *En*=AVANT ; 2. *Guide à droite,* et marche ensuite droit devant lui. Quand la droite de son peloton arrive dans la direction de la gauche du peloton qui précède, il commande : 1. *Demi*=(à) DROITE ; 2. *En*=AVANT ; et lorsqu'il est arrivé à hauteur des serre-files : 1. HALTE, et de suite : 2. *A droite*=ALIGNEMENT.

L'escadron étant aligné, le capitaine commandant commande : FIXE.

661. La formation en avant en bataille s'exécute de même, la colonne étant en marche ; dans ce cas, le chef

du premier peloton, continuant de marcher, ne commande
pas : *Peloton en avant,* ni MARCHE, mais répète l'indication du guide.

662. L'escadron étant en bataille, on le rompt par la
gauche par peloton en avant de son front, suivant les principes prescrits pour le rompre par la droite, et par les
moyens inverses, aux commandements : 1. *Par la gauche
par pelotons=rompez l'escadron ;* 2. MARCHE ; 3. *Guide
à droite.*

663. L'escadron étant en colonne avec distance, la gauche en tête, on le forme en bataille sur la tête de la colonne, suivant les principes prescrits la droite en tête, et
par les moyens inverses, aux commandements : 1. *En
avant en bataille ;* 2. MARCHE ; 3. *Guide à gauche ;* 4.
FIXE.

Cette formation s'exécute, la colonne étant en marche,
comme il est prescrit la droite en tête.

Rompre par pelotons à droite et se porter en avant après la conversion.

664. L'escadron étant en bataille, le capitaine commandant commande :

1. *Pelotons à droite.*
2. MARCHE.
3. *En=*AVANT.
4. *Guide à gauche.*

Au premier commandement, la file de gauche
de chaque peloton se prépare à déboîter légèrement, et le pivot à tourner sur place.

Au commandement MARCHE, chaque peloton
exécute son *à-droite* suivant les principes des
conversions à pivot fixe.

Au troisième commandement, les pelotons se
portent droit devant eux.

Le capitaine commandant commande : *En — AVANT,* au

moment où les conversions sont près de finir, et donne un
point de direction au guide de la colonne ; il veille à ce que
les ailes marchantes déboîtent à la fois, conversent et arrivent ensemble en colonne, et à ce que les pivots se remettent ensemble en mouvement à la dernière partie du commandement *En = avant*.

En avant ordre inverse en bataille.

665. L'escadron étant en colonne avec distance, la droite
en tête, pour le former en bataille dans l'ordre inverse
sur la tête de la colonne, le capitaine commandant commande :

1. *En avant ordre inverse en bataille.*
2. Marche.
3. *Guide à gauche.*
4. Fixe.

Au premier commandement, le chef du premier peloton commande : *Peloton en avant*, et
ceux des trois autres pelotons commandent : *Peloton demi-à-droite.*

Au commandement Marche, répété par ces
mêmes officiers, le mouvement s'exécute comme
il est prescrit pour l'*en avant en bataille* et par
les moyens inverses.

Cette formation s'exécute de même, la colonne étant en
marche ; dans ce cas, le chef du premier peloton ne commande pas : *Peloton en avant*, ni Marche, mais répète
l'indication du guide.

666. L'escadron étant en bataille, on le rompt par pelotons à gauche et on le porte en avant après la conversion,
suivant les principes prescrits pour le rompre par pelotons
à droite, et par les moyens inverses, aux commandements :
1. *Pelotons à gauche* ; 2. Marche ; 3. *En = avant* ; 4.
Guide à droite.

667. L'escadron étant en colonne avec distance, la gauche en tête, on le forme en bataille dans l'ordre inverse sur

la tête de la colonne, suivant les principes prescrits la droite
en tête, et par les moyens inverses, aux commandements :
1. *En avant ordre inverse en bataille;* 2. MARCHE;
3. *Guide à droite;* 4. FIXE.

Cette formation s'exécute de même, la colonne étant en
marche ; dans ce cas, le chef du premier peloton ne commande pas : *Peloton en avant,* ni MARCHE, mais il répète
l'indication du guide.

Rompre par pelotons à droite, tête de colonne à gauche ou demi-à-gauche.

668. L'escadron étant en bataille, le capitaine commandant commande :

> 1. *Pelotons à droite=tête de colonne à*
>   *gauche* (ou *demi-à-gauche*).
> 2. MARCHE.
> 3. *En=*AVANT.
> 4. *Guide à gauche.*

Au commandement MARCHE, chaque peloton
exécute son *à-droite.*

Au troisième commandement, le chef du premier peloton commande de suite : 1. *Tournez=*
(à) GAUCHE; 2. *En=*AVANT ; les autres pelotons se
portent droit devant eux et tournent successivement, au commandement de leurs chefs, sur le
même terrain où le premier a tourné.

Le capitaine commandant commande: *En* =AVANT, au
moment où les conversions sont près de finir, et donne un
point de direction.

Sur la queue de la colonne face en arrière en bataille.

669. L'escadron étant en colonne avec distance, la droite
en tête, pour le former en bataille du côté opposé à sa di-

rection, c'est-à-dire face en arrière, le capitaine commandant commande :

1. *Pelotons demi-tour à gauche.*
2. MARCHE.
3. *En avant en bataille.*
4. MARCHE.
5. *Guide à gauche.*
6. FIXE.

Au deuxième commandement, chaque peloton
exécute son *demi-tour.*

Au quatrième commandement, le chef du quatrième peloton, qui devient tête de colonne, quand
sa conversion est près de finir, commande : 1. *En*
═AVANT ; 2. *Guide à gauche* ; et lorsqu'il a marché trente pas : 1. HALTE ; 2. *A gauche*═ALIGNE-
ment.

Les chefs des autres pelotons, aux trois quarts
de leur conversion, commandent : 1. *En*═AVANT,
2. *Guide à gauche*, et se dirigent vers la place
qu'ils doivent occuper dans l'ordre en bataille, se
conformant du reste à ce qui est prescrit pour
l'*En avant en bataille, la gauche en tête.*

Le capitaine commandant commande : *En avant en ba-*
taille, de manière à commander : MARCHE et *Guide à gau-*
che, lorsque les pelotons sont aux trois quarts de leur
conversion.

Sur la queue de la colonne face en arrière ordre inverse en bataille.

670. L'escadron étant en colonne avec distance, la droite
en tête, si des obstacles se présentent sur le flanc gauche
de la colonne, pour le former en bataille du côté opposé à
sa direction, c'est-à-dire face en arrière, le capitaine commandant commande :

1. *Pelotons demi-tour à droite.*
2. MARCHE.
3. *En avant ordre inverse en bataille.*
4. MARCHE.
5. *Guide à droite.*
6. FIXE.

Au deuxième commandement, chaque peloton exécute son *demi-tour*.

Au quatrième commandement, le chef du quatrième peloton, qui devient tête de colonne, quand sa conversion est près de finir, commande : 1. *En*=AVANT ; 2 *Guide à droite*; et lorsqu'il a marché trente pas : 1. HALTE; 2. *A droite*=ALIGNEMENT.

Les chefs des autres pelotons, aux trois quarts de la conversion, commandent : 1. *En*=AVANT ; 2. *Guide à droite*, et se dirigent vers la place qu'ils doivent occuper dans l'ordre en bataille, se conformant du reste à ce qui est prescrit pour l'*En avant ordre inverse en bataille, la gauche en tête.*

671. L'escadron étant en bataille, on le rompt par pelotons à gauche, tête de colonne à droite (ou demi-à-droite), suivant les principes prescrits pour le rompre par pelotons à droite tête de colonne à gauche (ou demi-à-gauche) et par les moyens inverses, aux commandements : 1. *Pelotons à gauche*=*tête de colonne à droite (ou demi-à-droite)* ; 2. MARCHE; 3. *En*=AVANT; 4. *Guide à droite.*

672. L'escadron étant en colonne avec distance, la gauche en tête, on le forme en bataille du côté opposé à sa direction, c'est-à-dire face en arrière, suivant les principes prescrits la droite en tête, et par les moyens inverses, aux commandements: 1. *Pelotons demi-tour à droite* ; 2. MARCHE; 3. *En avant en bataille;* 4. MARCHE; 5. *Guide à droite;* 6. FIXE.

673. L'escadron étant en colonne avec distance, la gauche en tête, si des obstacles se présentent sur le flanc droit de la colonne, on le forme en bataille, suivant les principes

prescrits la droite en tête, et par les moyens inverses, aux commandements : *1. Pelotons demi-tour à droite; 2.* MAR-CHE; *3. En avant ordre inverse en bataille.; 4.* MARCHE; *5. Guide à gauche; 6.* FIXE.

Rompre par pelotons à droite, tête de colonne à droite ou demi-à-droite.

674. L'escadron étant en bataille, le capitaine commandant commande :

> 1. *Pelotons à droite=tête de colonne à droite* (ou *demi-à-droite*).
> 2. MARCHE.
> 3. *En=*AVANT.
> 4. *Guide à gauche.*

Au commandement MARCHE, chaque peloton exécute son *à-droite.*

Au troisième commandement, le chef du premier peloton commande de suite : 1. *Tournez=*(à) DROITE; 2. *En=*AVANT. Les autres pelotons se portent droit devant eux, et tournent successivement au commandement de leurs chefs, sur le même terrain où le premier a tourné.

Le capitaine commandant commande : *En =* AVANT, au moment où les conversions sont près de finir.

Sur la tête de la colonne face en arrière en bataille.

675. L'escadron étant en colonne avec distance, la droite en tête, pour le former en bataille sur la tête de la colonne faisant face au côté opposé à sa direction, c'est-à-dire face en arrière, le capitaine commandant commande :

> 1. *En avant ordre inverse en bataille.*
> 2. MARCHE.
> 3. *Guide à gauche.*

Ce qui s'exécute comme il est prescrit pour l'*En avant ordre inverse en bataille, la droite en tête*, mais sans rectifier l'alignement.

L'escadron étant formé, le capitaine commandant commande immédiatement :

1. *Pelotons demi-tour à gauche.*
2. MARCHE.
3. HALTE.
4. *A droite* = ALIGNEMENT.
5. FIXE.

Sur la tête de la colonne face en arrière ordre inverse en bataille.

676. L'escadron étant en colonne avec distance, la droite en tête, si des obstacles se présentent sur le flanc droit, pour le former en bataille sur la tête de la colonne, faisant face au côté opposé à sa direction, c'est-à-dire face en arrière, le capitaine commandant commande :

1. *En avant en bataille.*
2. MARCHE.
3. *Guide à droite.*

Ce qui s'exécute comme il est prescrit pour l'*En avant en bataille, la droite en tête*, mais sans rectifier l'alignement.

L'escadron étant formé, le capitaine commandant commande immédiatement :

1. *Pelotons demi-tour à droite.*
2. MARCHE.
3. HALTE.
4. *A gauche* = ALIGNEMENT.
5. FIXE.

677. L'escadron étant en bataille, on le rompt par pelotons à gauche, tête de colonne à gauche ou demi-à-gau-

che, suivant les principes prescrits pour le rompre par pelotons à droite tête de colonne à droite (ou demi-à-droite),
et par les moyens inverses, aux commandements : 1. *Pelotons à gauche=tête de colonne à gauche (ou demi-à-
gauche)* ; 2. MARCHE ; 3. *En=*AVANT ; 4. *Guide à droite.*

678. L'escadron étant en colonne avec distance, la gauche en tête, on le forme en bataille sur la tête de la colonne, faisant face au côté opposé à sa direction, c'est-à-
dire face en arrière. suivant les principes prescrits la droite
en tête, et par les moyens inverses, aux commandements :
1. *En avant ordre inverse en bataille* ; 2. MARCHE ; 3.
Guide à droite ; et l'escadron étant formé : 1. *Pelotons
demi-tour à droite* ; 2. MARCHE ; 3. HALTE ; 4. *A gau-
che=*ALIGNEMENT ; 5. FIXE.

679. L'escadron étant en colonne avec distance, la gauche en tête, si des obstacles se présentent sur le flanc gauche, on le forme en bataille sur la tête de la colonne, faisant
face au côté opposé à sa direction, c'est-à-dire face en
arrière, suivant les principes prescrits la droite en tête,
et par les moyens inverses, aux commandements : 1. *En
avant en bataille* ; 2. MARCHE ; 3. *Guide à gauche* ; et
l'escadron étant formé : 1. *Pelotons demi-tour à gauche* ;
2. MARCHE ; 3. HALTE ; 4. *A droite =* ALIGNEMENT ; 5.
FIXE.

Toutes les formations face en arrière s'exécutent de
même, la colonne étant en marche.

Mouvements par quatre, l'escadron étant en colonne avec distance.

680. L'escadron étant en colonne avec distance, la droite
en tête, pour lui faire gagner du terrain vers son flanc gauche, le capitaine commandant commande :

1. *A gauche par quatre.*
2. MARCHE.
3. *En =*AVANT.
4. *Guide à droite.*

Au commandement MARCHE, les conversions

s'exécutent, dans chaque rang de quatre, comme il est prescrit à l'*Ecole du peloton à cheval*.

Si, au lieu de se porter en avant, après avoir fait *à gauche par quatre*, le capitaine commandant veut arrêter, il commande : HALTE.

Pour reprendre une direction parallèle à la première et se remettre en colonne avec distance, le capitaine commandant commande :

> 1. *A droite par quatre.*
> 2. MARCHE.
> 3. HALTE.

Ce qui s'exécute suivant les mêmes principes et par les moyens inverses.

Si, au lieu d'arrêter, le capitaine commandant veut se porter en avant, il commande : 1. *En*=AVANT ; 2. *Guide à gauche.*

681. L'escadron étant en colonne avec distance, la droite en tête, on lui fait gagner du terrain vers son flanc droit, aux commandements : 1. *A droite par quatre* ; 2. MARCHE ; 3. *En*=AVANT ; 4. *Guide à gauche*, et on reprend la direction primitive, aux commandements : 1. *A gauche par quatre* ; 2. MARCHE ; 3. HALTE (ou 3. *En* = AVANT); 4. *Guide à gauche.*

682. L'escadron étant en colonne avec distance, la droite en tête, pour le faire-rétrograder, le capitaine commandant commande :

> 1. *Demi-tour à gauche par quatre.*
> 2. MARCHE.
> 3. *En* = AVANT.
> 4. *Guide à droite.*

Au commandement MARCHE, le mouvement s'exécute dans chaque rang de quatre, comme il est prescrit à l'*Ecole du peloton à cheval*.

Si, au lieu de se porter en avant après *le demi-tour à gauche par quatre*, le capitaine commandant veut arrêter, il commande : HALTE.

Pour remettre la colonne dans sa direction primitive, le capitaine commandant commande :

> **1.** *Demi-tour à droite par quatre.*
> **2.** Marche.
> **3.** Halte.

Ce qui s'exécute comme il vient d'être prescrit, et par les moyens inverses.

683. Si le capitaine commandant veut se porter en avant, il commande : 1. *En=*avant : 2. *Guide à gauche.*

Dans tous les mouvements d'*à gauche* et d'*à droite par quatre*, les chefs de peloton se portent à la hauteur du premier rang de leur peloton, du côté du guide.

Le capitaine commandant, le capitaine en second, les serre-files et les guides particuliers de droite et de gauche conservent leurs places après avoir fait leur *à-gauche* ou leur *à-droite*, chacun pour son compte.

Dans les *demi-tours à gauche* ou *demi-tours à droite par quatre*, les chefs de peloton marchent en arrière du centre de leur peloton, et les serre-files en avant. Le guide particulier de droite se trouve à la gauche de son peloton, et le guide particulier de gauche, en tête du sien.

Dans la marche de flanc, le capitaine commandant veille à ce que tous les rangs marchent à la même hauteur, se règlent du côté du guide, conservent une direction parallèle à celle du premier peloton; à ce que les cavaliers suivent exactement à trois mètres de distance ceux qui les précèdent, et exécutent correctement les déboîtements et emboîtements que cette marche nécessite; il veille encore à ce que les chefs des trois derniers pelotons maintiennent leurs intervalles du côté du guide, afin de se retrouver à leurs distances dès que l'escadron reprend l'ordre en colonne.

Les rangs ayant été comptés par quatre avant de monter à cheval, s'il arrivait qu'un des rangs de quatre fût réduit à trois, le rang n'en ferait pas moins son mouvement comme s'il était complet.

Les mouvements par quatre s'exécutent de même, la colonne étant en marche.

L'escadron marchant en colonne avec distance, la gauche en tête, tous ces mouvements s'exécutent suivant les mêmes principes.

ARTICLE III.

Marche de l'escadron en bataille.
Contre-marche.
Des conversions.
Conversion à pivot fixe.
Conversion à pivot mouvant.
Marche oblique individuelle.
Marche oblique par troupe.
Mouvements par quatre.
L'escadron étant en bataille, lui faire gagner du terrain en arrière et le remettre face en tête.
L'escadron marchant en bataille, le rompre par pelotons à droite et le remettre en ligne.
L'escadron marchant en bataille, le faire marcher en arrière par un demi-tour par peloton.
L'escadron marchant en bataille, le rompre en avant par pelotons et le reformer.
L'escadron marchant en bataille, le rompre en avant par pelotons, en doublant l'allure, et le reformer.
Passage d'obstacles.

***

Marche de l'escadron en bataille.

684. Les principes de la marche directe, prescrits à

l'*École du peloton à cheval* n°s 506 et suivants, sont applicables à l'escadron.

Les cavaliers, pour se maintenir alignés, doivent sentir légèrement la botte de leur voisin du côté du guide : on rappelle ici ce principe, qui est le seul moyen de conserver l'aisance dans le rang et l'alignement individuel. Quant à l'alignement général, il faut que les sous-officiers et les files d'encadrement cherchent à rester alignés entre eux et sur l'ensemble de la troupe ; ils ne sont donc pas tenus à conserver la tête directe : mais ils doivent donner de temps en temps un coup d'œil du côté du guide, pour se maintenir à sa hauteur, évitant de porter la main de ce côté, afin de ne pas occasionner de resserrement dans le rang.

685. Il a déjà été prescrit que le guide d'une troupe ne doit jamais se mettre en mouvement par à-coup ; le guide de l'escadron doit donc entamer lentement l'allure indiquée, et la porter peu à peu à son degré. Il en est de même pour passer d'une allure lente à une allure vive, ou d'une vive à une lente ; ce principe s'applique également aux cavaliers, qui ne doivent regagner leur alignement que peu à peu en allongeant ou ralentissant l'allure.

La direction donnée au guide influant essentiellement sur la régularité de la marche, il est nécessaire que le point fixe soit toujours choisi dans une direction exactement perpendiculaire au front de l'escadron ; si les localités ne permettent pas au guide particulier de prendre des points intermédiaires assez saillants, on peut y suppléer par les serre-files que l'on place, faisant face au guide, à soixante pas de distance l'un de l'autre, et se retirant à mesure que l'escadron arrive à eux, pour aller se replacer dans le prolongement de la même direction.

686. Le capitaine commandant, après avoir commandé le guide, se porte en arrière, donne au guide le point fixe sur lequel on doit marcher et l'indique aussitôt au sous-officier qui remplace au premier rang le guide particulier, celui-ci lui servant de point intermédiaire pour se maintenir dans sa direction pendant la durée de la marche. Il l'indique également au capitaine en second.

Le capitaine commandant, s'il le juge à propos, peut charger le capitaine en second de donner la direction.

Le point de direction donné, le capitaine commandant se porte au centre de son escadron, lui faisant face, pour s'assurer qu'au commandement d'exécution on se met en mouvement bien ensemble. Il peut se porter partout où il juge sa présence nécessaire pour assurer la direction de la marche.

687. Les officiers doivent rester constamment alignés sur le guide particulier placé à leur hauteur, se maintenir à un pas du centre de leur peloton, et marcher bien droit devant eux : car c'est de leur alignement que dépend en partie celui de l'escadron.

688. Le guide particulier qui marche à hauteur des officiers doit régler son allure de manière à avoir toujours la même vitesse, pour ne pas obliger l'aile opposée à augmenter ou à ralentir la sienne.

Ce guide, à mesure qu'il avance, doit prendre de nouveaux points intermédiaires, pour pouvoir se diriger sur le point donné, sans dévier.

689. Le serre-file qui a remplacé le guide particulier à l'aide de l'escadron marche de manière que celui-ci, qui lui sert de point intermédiaire, lui cache le point de direction. Il doit maintenir constamment la tête de son cheval à un pas de la croupe de celui du guide, et redresser ce guide s'il s'écartait du point donné ; car il est plus spécialement chargé de la direction de la marche.

690. Le capitaine en second doit, pendant la durée de la marche, surveiller le guide chargé de la direction, et, à cet effet, il marche à dix ou quinze pas en arrière de ce guide.

Si, dès le départ, il s'aperçoit que les cavaliers se resserrent et portent la main à gauche, c'est une preuve presque certaine que le point de direction est à gauche de la perpendiculaire ; si, au contraire, les cavaliers s'ouvrent à droite et sont obligés d'y porter la main, c'est une preuve que le point de direction a été indiqué à droite de la perpendiculaire ; le capitaine en second donne alors un autre point de direction plus à droite ou plus à gauche.

Le capitaine en second veille à ce que les cavaliers du deuxième rang soient exactement à leur distance, et que les serre-files marchent bien alignés.

691. La régularité de la marche en bataille dépendant beaucoup de l'attention des files d'encadrement à conserver leur alignement, et à marcher sans se serrer ni s'ouvrir, ces files doivent y être exercées d'abord séparément.

692. L'escadron étant en bataille et correctement aligné, le capitaine commandant commande :

1. *Files d'encadrement en avant.*
2. *Guide à droite.*
3. MARCHE.

Au deuxième commandement, le guide particulier de droite se porte à hauteur des chefs de peloton ; il est immédiatement remplacé par le serre-file du premier peloton.

Au commandement MARCHE, les chefs de peloton, les files d'encadrement, et les sous-officiers guides particuliers se portent en avant, bien droit devant eux, les files d'encadrement conservant entre elles l'intervalle nécessaire pour recevoir les cavaliers de leurs pelotons, et lorsqu'elles ont marché trente pas, le capitaine commandant commande :

1. *Files d'encadrement.*
2. HALTE.

Au commandement HALTE, les chefs de peloton, les files d'encadrement et les sous-officiers guides particuliers arrêtent.

Le capitaine commandant, après s'être assuré que les files d'encadrement ont marché dans une direction bien perpendiculaire et sur une ligne parallèle au front de l'escadron, les remet en mouvement, et les fait suivre par l'escadron à la distance de trente pas; à cet effet, il commande :

1. *Escadron en avant.*
2. *Guide à droite.*
3. MARCHE.

Au commandement Marche, les files d'encadrement et l'escadron se portent en avant.

693. Les files d'encadrement et l'escadron ayant marché correctement dans la direction donnée, pour arrêter, le capitaine commandant commande :

1. *Escadron.*
2. Halte.

Au commandement Halte, l'escadron et les files d'encadrement arrêtent.

694. Pour faire rentrer les cavaliers dans les encadrements, le capitaine commandant, après avoir prévenu les files d'encadrement de ne pas bouger, commande :

1. *Escadron en avant.*
2. Marche.

Et à un pas des files d'encadrement :

1. *Escadron.*
2. Halte.
3. *A droite*=Alignement.
4. Fixe.

Au commandement Halte, les cavaliers s'arrêtent.

Au troisième commandement, le guide particulier et le serre-file qui l'a remplacé au premier rang de l'escadron reprennent leur place de bataille ; les cavaliers rentrent à la fois dans leurs intervalles sans à-coup, et s'alignent.

L'escadron étant aligné, le capitaine commandant commande : Fixe.

695. Ce travail ayant été exécuté plusieurs fois *au pas,* on le fait répéter *au trot.*

696. Lorsque les files d'encadrement ont été habituées à ne pas se régler sur les cavaliers de leur rang, mais

seulement entre elles, on exerce l'escadron entier à marcher en bataille, d'abord *au pas*, et progressivement *au trot* et *au galop*.

697. L'escadron étant en bataille, pour le porter en avant, le capitaine commandant commande :

1. *Escadron en avant.*
2. *Guide à droite.*
3. MARCHE.

Au deuxième commandement, le guide particulier et le serre-file du premier peloton se conforment à ce qui est prescrit pour la marche à files d'encadrement.

Au commandement MARCHE, l'escadron se met en mouvement.

698. Pour arrêter, le capitaine commandant commande :

1. *Escadron.*
2. HALTE.
3. *A droite* = ALIGNEMENT.
4. FIXE.

Au commandement HALTE, l'escadron arrête.

Au troisième commandement, l'escadron s'aligne comme il est prescrit pour l'alignement de l'escadron au 1ᵉʳ article de cette école.

L'escadron étant aligné, le capitaine commandant commande : FIXE.

699. L'escadron marchant *au pas*, pour le faire passer *au trot*, le capitaine commandant s'assure que le point de direction est bon, que l'escadron marche avec ensemble et sans flottement.

Lorsque les cavaliers ont acquis l'intelligence et l'adresse nécessaires pour éviter les à-coup, l'escadron marchant *au trot*, le capitaine commandant le fait passer *au galop*.

Il veille à ce que les cavaliers calment leurs chevaux et

ne laissent pas allonger l'allure, défaut habituel dans les marches *au galop*. A cet effet, les chefs de peloton, le guide et les files d'encadrement ont l'attention de maintenir leurs chevaux à *un galop* sage et modéré.

Dans les marches *au trot* et surtout *au galop*, il faut passer à une allure moins vive dès qu'on aperçoit quelque désordre.

Pour faire marcher *au galop*, on part d'abord *au pas*, puis on passe *au trot* ; on suit la même progression pour arrêter étant *au galop* ; on exerce ensuite l'escadron à partir de pied ferme *au trot* et *au galop*, et à s'arrêter de même.

Lorsqu'on arrête l'escadron marchant *au trot* ou *au galop*, on veille à ce que les cavaliers agissent régulièrement de la main et des jambes, soutiennent leurs chevaux pour ne pas reculer après l'arrêt, et rendent la main dès que leurs chevaux ont arrêté.

L'escadron est exercé à marcher avec *le guide à gauche* comme avec *le guide à droite*.

Contre-marche.

700. L'escadron étant en bataille, pour faire face au côté opposé, le capitaine commandant commande :

> 1. *Contre-marche par l'aile droite.*
> 2. *Par file à droite.*
> 3. MARCHE.

Au deuxième commandement, les chefs de peloton font un *à-droite*, celui du premier peloton se portant à hauteur de sa première file ; les serre-files font un *à-gauche*, et passent à la gauche de l'escadron, ceux de la deuxième division à hauteur du premier rang, le capitaine en second à leur gauche, ceux de la première division à hauteur du deuxième rang.

Le guide particulier de droite de l'escadron va se placer promptement derrière le guide particulier de gauche, faisant face en arrière, la croupe de son cheval à six pas (6 mètres) du deuxième rang.

Au commandement Marche, le mouvement s'exécute comme il est prescrit à l'*Ecole du peloton à cheval.*

Lorsque la première file est à 2 pas du guide particulier qui indique la place où elle doit se reformer, le capitaine commandant commande :

1. Front.
2. Halte.
3. *A droite* = Alignement.
4. Fixe.

Les serre-files suivent le mouvement et reprennent leur place à mesure qu'ils y arrivent.

Après avoir commandé Marche, le capitaine commandant se porte rapidement à l'aile par laquelle s'exécute le mouvement, pour diriger la tête de colonne, et reformer l'escadron en arrière sur une ligne parallèle à celle qu'il occupait précédemment.

Aux commandements Halte et *A droite*=Alignement, le capitaine en second fait un *demi-tour* et se porte à la hauteur du deuxième rang pour l'aligner.

L'escadron étant aligné, le capitaine commandant commande : Fixe. A ce commandement, les chefs de peloton se remettent face en tête par un *à-gauche.*

La contre-marche doit s'exécuter de préférence *au trot.* A cet effet, après le deuxième commandement, le capitaine commandant indique l'allure.

704 Ce mouvement s'exécute par l'aile gauche, suivant les mêmes principes et par les moyens inverses, aux commandements : 1. *Contre-marche par l'aile gauche ; 2. Par file à gauche ;* 3. Marche; et 1. Front ; 2. Halte ; 3. *A gauche*=Alignement ; 4. Fixe.

Des conversions.

702. Les principes des conversions prescrits pour le peloton n°s 523 et suivants sont applicables à l'escadron conversant à pivot fixe ou à pivot mouvant. L'exécution en est d'autant plus difficile que le front est plus étendu ; elle exige, de la part des officiers, des encadrements et de chaque cavalier une attention particulière et soutenue.

703. Pendant la conversion, les chefs de peloton se maintiennent au centre de leur troupe, et correctement alignés entre eux, contenant leurs chevaux sur un arc de cercle plus ou moins grand, en raison de leur éloignement du pivot. Le chef de peloton sur lequel on converse se règle sur celui du peloton de l'aile marchante, et il a l'attention de ne faire son mouvement que progressivement, à mesure que cet officier avance dans la nouvelle direction.

Le chef du peloton de l'aile marchante décrit son cercle de manière à ne pas s'éloigner, et surtout à ne pas se rapprocher des autres chefs de peloton.

Les encadrements se règlent entre eux et sur l'ensemble de la troupe, tout en observant la progression de l'aile marchante, et se maintiennent sur les arcs de cercle qu'ils doivent décrire.

704. Le guide particulier placé à l'aile sur laquelle s'opère le mouvement en est le pivot, quoiqu'il ne compte pas dans le rang.

Dans toute espèce de conversion, l'aile marchante d'un escadron doit mesurer avec d'autant plus de justesse son arc de cercle, que, s'il est trop grand, il fait ouvrir les files, les désunit et rend la conversion plus longue ; et, s'il est trop petit, les files se resserrent, il y a désordre et le pivot est forcé.

Conversion à pivot fixe.

705. L'escadron est exercé aux conversions à pivot fixe, d'abord *au pas*, ensuite *au trot* ; on ne les fait exécuter *au galop* que lorsque les cavaliers sont bien confirmés dans les deux premières allures.

L'escadron étant de pied ferme et correctement aligné, le capitaine commandant commande :

> 1. *Escadron en cercle à droite.*
> 2. MARCHE.

Ce qui s'exécute suivant les principes prescrits à l'*Ecole du peloton à cheval.*

706. Pour arrêter la conversion, le capitaine commandant commande :

> 1. *Escadron.*
> 2. HALTE.
> 3. *A gauche* = ALIGNEMENT.
> 4. FIXE.

Au premier commandement, les cavaliers du deuxième rang redressent leurs chevaux, et se replacent à leurs chefs de file.

Au commandement HALTE, tous les cavaliers arrêtent.

Au troisième commandement, l'escadron s'aligne.

L'escadron étant aligné, le capitaine commandant commande : FIXE.

707. Si, au lieu d'arrêter, on veut faire reprendre la marche directe, on commande :

> 1. *En avant.*
> 2. *Guide à gauche.*

A la première partie du premier commandement, les cavaliers du deuxième rang redressent leurs chevaux et se replacent à leurs chefs de file.

A la deuxième partie du premier commandement, tout l'escadron se porte en avant, à l'allure à laquelle il marchait avant la conversion.

708. Quand on exerce l'escadron aux conversions, on l'arrête dès qu'il y a le moindre désordre ; on explique d'où vient la faute, et l'on indique les moyens de la réparer.

Quand les cavaliers commencent à comprendre ces mouvements, on leur fait parcourir le cercle entier plusieurs fois de suite. On veille à ce qu'ils se maintiennent alignés, liés au pivot, et à ce que le centre ne pointe pas ou ne reste pas en arrière.

Quand on veut arrêter la conversion, il faut, surtout aux allures vives, faire le commandement *escadron* assez à temps pour que les cavaliers puissent se préparer à arrêter, et celui HALTE quand l'aile marchante est au moment d'arriver sur la nouvelle direction, afin que le pivot n'ait pas à bouger.

Lorsqu'après la conversion on veut porter l'escadron en avant, la première partie du commandement *En*＝AVANT doit être faite assez à temps et être assez prolongée pour que les cavaliers du deuxième rang redressent leurs chevaux et se replacent à leurs chefs de file, et qu'à la dernière partie du commandement, qui doit se faire à l'instant où l'aile marchante arrive dans la nouvelle direction, le pivot parte franchement à la même allure que l'aile marchante. Tous les cavaliers redressent alors leurs chevaux, et reprennent ensemble la marche directe, à l'allure à laquelle ils marchaient précédemment, ou à celle qui a été commandée pour la conversion.

709. L'escadron conversant bien *au pas*, pour le faire passer *au trot*, le capitaine commandant choisit l'instant où les chevaux sont le plus calmes et conversent avec le plus d'ensemble. Après un ou deux tours, il remet l'escadron *au pas*. L'escadron conversant bien *au trot* est exercé à converser *au galop*, suivant les mêmes principes. Après un ou deux tours, on le fait passer *au trot*, puis au pas.

710. Les cavaliers ayant acquis l'habitude et l'intelligence de ces mouvements, sont exercés à changer le côté de la conversion, sans arrêter. Ces changements de conversion aux deux mains s'exécutent *au pas* et *au trot*, jamais *au galop*.

L'escadron conversant en cercle à droite, *au pas* ou *au trot*, le capitaine commandant commande :

1. *Escadron en cercle à gauche.*
2. MARCHE.

Ce qui s'exécute comme il est prescrit à l'*Ecole du peloton à cheval.*

711. Les conversions *au galop* et les changements de conversions sans arrêter exigent beaucoup d'attention de la part des cavaliers et surtout des sous-officiers ; c'est de leur intelligence à bien mesurer l'arc de cercle et le degré de vitesse de leur allure que dépend l'exécution correcte de ces mouvements.

L'escadron est ensuite exercé à converser *au trot* ou *au galop* en partant de pied ferme, et à s'arrêter de même en conversant à ces allures.

712. L'escadron étant de pied ferme, le capitaine commandant commande :

1. *Escadron* { *à droite* (ou *à gauche*).
demi-tour à droite (ou *demi-tour à gauche*).
demi-à-droite (ou *demi-à-gauche*).

2. MARCHE.
3. *Escadron.*
4. HALTE.
5. *A gauche* (ou *à droite*) = ALIGNEMENT.
6. FIXE.

Ce qui s'exécute comme il est prescrit à l'*Ecole du peloton à cheval,* n°s 535 et suivants.

Le capitaine commandant a l'attention de mettre, entre le premier commandement et celui MARCHE, assez d'intervalle pour ne pas surprendre les cavaliers et leur donner le temps de rassembler leurs chevaux, de manière à partir franchement ensemble et sans à-coup.

Ces mouvements sont exécutés aux diverses allures, mais ils ne doivent pas être répétés trop fréquemment *au galop*, pour ne pas fatiguer les chevaux.

4.

743. L'escadron étant en marche est exercé aux conversions à pivot fixe aux trois allures, le capitaine commandant commande :

1. **Escadron** { *à droite* (ou *à gauche*).
demi-tour à droite (ou *demi-tour à gauche*).
demi-à-droite (ou *demi-à-gauche*).

2. **MARCHE.**

3. *En* = AVANT.

4. *Guide à gauche* (ou *guide à droite*).

Ce qui s'exécute comme il est prescrit à l'*Ecole du peloton à cheval*.

744. L'escadron étant en marche, pour le faire converser en doublant l'allure, le capitaine commandant fait précéder le commandement MARCHE de celui *au trot* ou *au galop*.

Au commandant MARCHE, le pivot arrête court; l'aile marchante prend l'allure indiquée.

Au commandant *En* = AVANT, le pivot part, ainsi que tout l'escadron, à l'allure indiquée pour la conversion.

Conversions à pivot mouvant.

745. Dans les conversions à pivot mouvant, le pivot doit décrire *un arc de cercle de 20 pas*, en ralentissant l'allure; l'aile marchante augmente la sienne. La sixième file du 2e peloton du côté du pivot, qui est le milieu du rayon de la conversion, conserve l'allure à laquelle elle marchait précédemment. Les cavaliers placés entre cette file et le pivot diminuent proportionnellement leur allure; ceux placés entre cette même file et l'aile marchante augmentent proportionnellement la leur.

La conversion à pivot mouvant se commande indistinctement sur le guide ou sur l'aile opposée.

Après une conversion à pivot mouvant, le guide reste où il était avant la conversion, et on lui donne de nouveau un point de direction.

Tant que l'escadron n'a pas exécuté de conversion à pivot fixe *au galop*, le capitaine commandant observe de ne faire converser à pivot mouvant qu'*au pas*, afin que l'aile marchante qui doit augmenter son allure ne soit encore qu'*au trot.*

746. L'escadron marchant en bataille, pour le faire changer de direction à droite, le capitaine commandant commande :

> 1. *Tournez* = (à) DROITE.
> 2. *En* = AVANT.

Ce qui s'exécute comme il est prescrit à l'*E-cole du peloton à cheval*, le pivot décrivant *un arc de cercle de vingt pas.*

Lorsque cette conversion s'exécute bien *au pas*, l'aile marchante prenant *le trot*, on la fait exécuter *au trot*, l'aile marchante prenant *le galop.*

Pour changer de direction à gauche, le mouvement s'exécute suivant les mêmes principes et par les moyens inverses, aux commandements : 1. *Tournez*=(à) GAUCHE ; 2. *En*=AVANT.

Marche oblique individuelle.

747. L'escadron marchant en bataille, pour lui faire gagner du terrain vers son flanc droit, sans changer le front de l'escadron, le capitaine commandant commande :

> 1. *Oblique à droite.*
> 2. MARCHE.

Pour faire reprendre la direction primitive, le capitaine commandant commande :

> *En* = AVANT.

Ce qui s'exécute comme il est prescrit à l'*Ecole du peloton à cheval.*

748. L'escadron marchant en bataille, on lui fait gagner du terrain vers son flanc gauche, sans changer le front de l'escadron, suivant les mêmes principes et par les moyens inverses, aux commandements : 1. *Oblique à gauche ;* 2. MARCHE ; on reprend la direction primitive au commandement *En*=AVANT..

749. Pendant toute la durée de la marche oblique, le capitaine commandant veille à ce que les chefs de peloton se maintiennent à la même hauteur, conservent entre eux le même intervalle, et suivent des directions parallèles, afin de conserver l'alignement général.

Le guide particulier qui marche à hauteur des chefs de peloton, après avoir fait *son quart d'à-droite,* se porte droit devant lui.

Ce mouvement s'exécute *au pas* ou *au trot,* mais jamais *au galop.*

Marche oblique par troupe.

720. L'escadron étant en bataille, pour lui faire gagner du terrain vers son flanc droit, par la marche oblique par peloton, le capitaine commandant commande :

    1. *Pelotons demi-à-droite.*
    2. MARCHE.
    3. *En* = AVANT,
    4. *Guide à droite.*

Au commandement MARCHE, chaque peloton fait son *demi-à-droite* à pivot fixe.

Au troisième commandement, chaque peloton se porte en avant, se conformant aux principes de la marche directe.

Pour faire reprendre à l'escadron la direction primitive, le capitaine commandant commande :

    1. *Pelotons demi-à-gauche.*
    2. MARCHE.
    3. *En*=AVANT.
    4. *Guide à droite.*

Ce qui s'exécute comme il vient d'être prescrit et par les moyens inverses.

721. Dans la marche oblique par troupe, les pivots des pelotons doivent arrêter tous à la fois au commandement MARCHE, afin que toutes les conversions se terminent en même temps.

Pendant la durée de cette marche, le guide de droite du premier peloton a la plus grande attention de marcher sur le point fixe qui lui a été indiqué. Les guides des autres pelotons observent leurs distances ; prennent pour chef de file le quatrième cavalier de l'aile opposée au guide du peloton qui les précède, et se maintiennent à 2 pas derrière lui.

Le capitaine commandant se place habituellement à 2 pas en dehors, et à hauteur du premier rang du deuxième peloton ;

Le capitaine en second derrière le guide du premier peloton, pour surveiller sa direction ;

Les chefs de peloton au centre de leurs pelotons, la tête de leurs chevaux à hauteur de la botte du cavalier du deuxième rang du peloton qui précède ;

Les guides particuliers et les serre-files restent à leurs places de bataille.

722. Quand ce mouvement s'exécute, l'escadron étant en marche, le guide particulier qui marche à hauteur des chefs de peloton fait un *quart d'à-droite*, et marche ensuite droit devant lui.

La marche oblique par troupe s'exécute *au pas, au trot* et *au galop*, l'escadron étant de pied ferme ou en marche.

723. L'escadron étant en bataille, on lui fait gagner du terrain vers son flanc gauche, suivant les mêmes principes et par les moyens inverses, aux commandements : 1. *Pelotons demi-à-gauche;* 2. MARCHE ; 3. *En*=AVANT ; 4. *Guide à gauche* ; et l'on reprend la direction primitive aux commandements : 1. *Pelotons demi-à-droite;* 2. MARCHE ; 3. *En*=AVANT ; 4. *Guide à droite.*

Mouvements par quatre.

724. L'escadron étant en bataille, pour lui faire gagner du terrain vers son flanc droit, le capitaine commandant commande :

    1. *A droite par quatre.*
    2. MARCHE.
    3. *En* = AVANT.
    4. *Guide à gauche.*

Ce qui s'exécute comme il est prescrit à l'*École du peloton à cheval.* Les chefs de peloton marchent sur le flanc du côté du guide, à un pas et à hauteur des premiers cavaliers de leurs pelotons.

Le guide particulier de droite marche en tête de la colonne, à un pas du premier rang de huit, le guide particulier de gauche derrière le dernier rang de huit du quatrième peloton.

725. L'escadron ayant fait à droite par quatre, et se trouvant en colonne, pour lui faire changer de direction à gauche, le capitaine commandant commande :

    Tête de colonne à gauche.

Le chef du premier peloton commande : 1. *Tournez* = (à) GAUCHE ; 2. *En* AVANT; ce qui s'exécute comme il est prescrit à l'*Ecole du peloton à cheval.*

Pour changer de direction à droite, le mouvement s'exécute, suivant les mêmes principes et par les moyens inverses, au commandement *Tête de colonne à droite.*

726. Pour remettre l'escadron en bataille, le capitaine commandant commande :

    1. *A gauche par quatre.*
    2. MARCHE.
    3. HALTE.
    4. *A droite* = ALIGNEMENT.
    5. FIXE.

Ce qui s'exécute comme il est prescrit à l'*École du peloton à cheval*, les guides particuliers reprenant leurs places de bataille.

727. Ces mêmes mouvements s'exécutent par la gauche, suivant les mêmes principes, aux commandements : 1. *A gauche par quatre;* 2. Marche; 3. *En*=avant ; 4. *Guide à droite*, et 1. *A droite par quatre ;* 2. Marche ; 3. Halte; 4. *A gauche*=alignement ; 5. Fixe.

L'escadron étant en bataille, lui faire gagner du terrain en arrière et le remettre face en tête.

728. L'escadron étant en bataille, pour faire face au côté opposé à sa direction, le capitaine commandant commande :

1. *Demi-tour à droite par quatre.*
2. Marche.
3. *En =* avant.
4. *Guide à gauche.*

Ce qui s'exécute comme il est prescrit à l'*École du peloton à cheval.*

Les chefs de peloton, les serre-files et les guides particuliers font leur *demi-tour* individuellement, et marchent, les chefs de peloton derrière le centre de leur peloton, les serre-files devant, et les guides particuliers à hauteur du deuxième rang devenu premier.

Au quatrième commandement, le serre-file du côté du guide appuie pour se placer en avant du guide particulier; le capitaine commandant lui donne un point de direction et l'indique aussi au guide particulier, qui, dans ce mouvement, reste à l'aile de l'escadron.

Le capitaine commandant remet l'escadron *face en tête*

par le mouvement dont il s'est servi pour le faire rétrograder.

Les *demi-tours à gauche par quatre* s'exécutent suivant les mêmes principes et par les moyens inverses.

Ces mouvements *par quatre* s'exécutent de pied ferme, et en marchant *au pas* et *au trot*.

L'escadron marchant en bataille, le rompre par pelotons à droite et le remettre en ligne.

729. L'escadron marchant en bataille, pour lui faire gagner du terrain vers son flanc droit, le capitaine commandant commande :

1. *Pelotons à droite.*
2. MARCHE.
3. *En* = AVANT.
4. *Guide à gauche.*

Ce qui s'exécute comme il est prescrit de pied ferme, les pivots arrêtant court et la file de gauche de chaque peloton déboîtant légèrement et se réglant sur celle du peloton qui est en tête, afin d'arriver ensemble en colonne.

Pour remettre l'escadron en ligne, le capitaine commandant commande :

1. *Pelotons à gauche.*
2. MARCHE.
3. *En* = AVANT.
4. *Guide à droite.*

Les ailes marchantes se règlent sur celles du peloton qui est en tête de la colonne, afin d'arriver ensemble en ligne.

Le capitaine en second donne un point de direction au guide particulier, qui s'est porté à hauteur des chefs de peloton, et l'indique au serre-file qui le remplace à l'aile de l'escadron.

Ces mouvements sont exécutés suivant les mêmes principes, l'escadron marchant *au trot* et *au galop.*

730. L'escadron marchant en bataille, on lui fait gagner du terrain vers son flanc gauche, suivant les mêmes principes, et par les moyens inverses, aux commandements : 1. *Pelotons à gauche;* 2. MARCHE; 3. *En=*AVANT; 4. *Guide à droite;* et l'on remet l'escadron en ligne aux commandements : 1. *Pelotons à droite;* 2. MARCHE: 3. *En=*AVANT; 4. *Guide à droite.*

L'escadron marchant en bataille, le faire marcher en arrière par un demi-tour par peloton.

731. L'escadron marchant en bataille avec le guide à droite, le capitaine commandant commande :

> 1. *Pelotons demi-tour à droite.*
> 2. MARCHE.
> 3. *En =* AVANT.
> 4. *Guide à gauche.*

Au commandement MARCHE, les pivots arrêtent court et tournent sur eux-mêmes, en rangeant les hanches de leurs chevaux; les ailes marchantes déboîtent en même temps, se réglant à droite pendant le premier quart de conversion, de manière à arriver ensemble en colonne, et à gauche pendant le deuxième quart de conversion, pour arriver ensemble en bataille. Dans chaque peloton, le deuxième rang et les serre-files portent la main du côté de l'aile marchante, pour faciliter le mouvement.

Au troisième commandement, l'escadron reprend la marche directe.

Escad. à cheval. Lanciers.   5

Au quatrième commandement, le guide particulier du côté indiqué se porte à hauteur du chef de peloton ; il est immédiatement remplacé, et on lui donne le point de direction.

Si, après le demi-tour, on veut arrêter l'escadron, au lieu de commander : *En* = AVANT, le capitaine commandant commande : 3. HALTE ; 4. *A gauche*=ALIGNEMENT ; 5. FIXE.

732. Ce mouvement s'exécute par la gauche, suivant les mêmes principes et par les moyens inverses, aux commandements : 1. *Pelotons demi-tour à gauche;* 2. MARCHE; 3. *En*=AVANT ; 4. *Guide à droite.*

733. Dans ces mouvements, le guide particulier de droite fait un *à-droite*, se porte droit devant lui de l'étendue du front d'un peloton, et fait un autre *à-droite* pour se placer à l'aile gauche de l'escadron. Le guide particulier de gauche exécute le même mouvement pour se placer à l'aile droite.

C'est l'inverse dans le *demi-tour à gauche.*

Les demi-tours par peloton s'exécutent de pied ferme et en marchant au trot et au galop.

L'escadron marchant en bataille, le rompre en avant par pelotons et le reformer.

734. Le capitaine commandant commande :

> 1. *Par pelotons* = *rompez l'escadron.*
> 2. MARCHE.
> 3. *Guide à gauche.*

Ce qui s'exécute comme il est prescrit de pied ferme, à l'exception que le chef du premier peloton, continuant de marcher, ne commande pas

Peloton en avant, ni MARCHE, mais répète l'indication du guide.

La rupture de l'escadron s'exécute de même en marchant *au trot* et *au galop*.

735. L'escadron marchant en colonne avec distance, la droite en tête, pour le former à la même allure, le capitaine commandant commande :

    1. *Formez l'escadron.*
    2. MARCHE.
    3. *Guide à droite.*

Ce qui s'exécute comme il est prescrit pour la formation en avant en bataille, la colonne étant en marche.

736. La colonne marchant *au trot*, on se conforme aux mêmes principes, excepté que le chef du premier peloton commande : 1. *Au pas;* 2. MARCHE ; que le guide particulier de droite, au commandement : *Guide à droite,* se porte à hauteur des officiers; et que chacun des autres chefs de peloton commande : 1. *Au pas;* 2. MARCHE, en arrivant en ligne. Il en est de même quand la colonne est *au galop*, chaque peloton passant successivement *au trot*.

737. L'escadron marchant en bataille, on le rompt par la gauche, en avant par pelotons, suivant les principes prescrits pour le rompre par la droite et par les moyens inverses, aux commandements : 1. *Par la gauche=par pelotons=rompez l'escadron;* 2. MARCHE ; 3. *Guide à droite;* et on le reforme à la même allure aux commandements : 1. *Formez l'escadron;* 2. MARCHE; 3. *Guide à gauche.*

L'escadron marchant en bataille, le rompre en avant par pelotons, en doublant l'allure, et le reformer.

738. Le capitaine commandant commande :

> 1. *Par pelotons = rompez l'escadron = au trot.*
> 2. MARCHE.
> 3. *Guide à gauche.*

Au premier commandement, le chef du premier peloton commande : *Au trot*, et ceux des trois autres pelotons commandent : *Peloton demi-à-droite = au trot.*

Au commandement MARCHE, répété par ces mêmes officiers, le mouvement s'exécute comme il est prescrit de pied ferme.

L'escadron marchant en bataille *au trot*, le mouvement s'exécute *au galop*, suivant les mêmes principes.

739. L'escadron marchant en colonne avec distance, la droite en tête, pour le former en doublant l'allure, le capitaine commandant commande :

> 1. *Formez l'escadron = au trot.*
> 2. MARCHE.
> 3. *Guide à droite.*

Au premier commandement, les chefs des trois derniers pelotons commandent : *Peloton demi-à-gauche = au trot.*

Au commandement MARCHE, répété par les chefs des trois derniers pelotons, le premier peloton continue de marcher droit devant lui *au pas*, et son chef répète l'indication du guide.

Les trois autres pelotons exécutent leur *demi-à-gauche au trot*, à pivot fixe.

Le *demi-à-gauche* presque terminé, les chefs de ces pelotons commandent : 1. *En = AVANT ;* 2. *Guide à droite ;* se portent droit devant eux, et dès que la file de droite de leur peloton est dans la direction de la file de gauche du peloton qui précède, ils commandent : 1. *Demi = (à)*

DROITE ; 2. *En* = AVANT, et ensuite *au pas,* assez à temps pour commander MARCHE quand leur peloton arrive en ligne ; alors les cavaliers se remettent *au pas* et s'alignent en marchant.

Chaque peloton, après son *demi-à-gauche,* se porte droit sur le point où il doit tourner, et sans obliquer vers les pelotons qui précèdent.

Le capitaine en second donne un point de direction au guide particulier de droite, qui s'est porté à hauteur du chef du premier peloton au commandement *Guide à droite.*

740. Ce mouvement s'exécute, la colonne étant *au trot,* aux commandements : 1. *Formez l'escadron=au galop;* 2. MARCHE ; 3. *Guide à droite*; le premier peloton continuant de marcher *au trot,* et les trois derniers pelotons prenant le *galop* pour se porter à hauteur du premier, et ne se remettant *au trot* que lorsqu'ils y sont parvenus.

Lorsque la colonne est *au galop,* on forme l'escadron à la même allure, comme il est prescrit n° 736, chaque peloton passant successivement *au trot.*

741. L'escadron marchant en bataille, on le rompt par la gauche en avant par pelotons en doublant l'allure, suivant les principes prescrits pour le rompre par la droite et par les moyens inverses, aux commandements : 1. *Par la gauche=par pelotons=rompez l'escadron=au trot* (ou *au galop*); 2. MARCHE ; 3. *Guide à droite.* On le reforme en doublant l'allure aux commandements : 1. *Formez l'escadron = au trot* (ou *au galop*); 2. MARCHE; 3. *Guide à gauche.*

Passage d'obstacles.

742. L'escadron marchant en bataille, pour lui faire exécuter des passages d'obstacles, le capitaine commandant commande :

1. *Obstacle.*
2. *Premier peloton.*
3. HALTE.

Au commandement HALTE, répété par le chef du premier peloton, ce peloton arrête, et son chef commande immédiatement : 1. *Oblique à gauche = au trot* ; 2. MARCHE ; et le peloton double sur le deuxième.

Lorsque le peloton qui a obliqué est derrière celui sur lequel il a doublé, son chef commande : 1. *En =* AVANT ; 2. *Guide à droite* ; 3. *Au pas* ; 4. MARCHE.

Pour faire rentrer à sa place le peloton qui a doublé, le capitaine commandant commande :

> 1. *Premier peloton.*
> 2. EN LIGNE.

Au commandement EN LIGNE, le chef du peloton commande : 1. *Oblique à droite = au trot* ; 2. MARCHE ; lorsqu'il est vis-à-vis du terrain qu'il doit occuper, il commande : 1. *En =* AVANT ; 2. *Guide à gauche* ; 3. *Au pas*, et lorsqu'il arrive en ligne : 4. MARCHE.

Le chef du peloton a l'attention de commander : *En =* AVANT, un peu avant que sa dernière file ait dépassé la file de droite du peloton sur lequel il se forme.

743. Si le guide est à droite, dès que le premier peloton est rentré en ligne, le capitaine commandant indique de nouveau le guide ; il en est de même dès que le quatrième peloton est rentré en ligne, si le guide est à gauche.

On fait exécuter le même mouvement au deuxième peloton, qui, se conformant aux mêmes principes, se met en colonne derrière le premier peloton en obliquant à droite ; puis au troisième qui se met derrière le quatrième en obliquant à gauche, et au quatrième qui se place derrière le troisième en obliquant à droite : chaque peloton devant toujours doubler sur celui avec lequel il forme division.

Les chefs de peloton doivent avoir l'attention de faire rapidement les commandements prescrits, de faire forcer un peu le degré d'obliquité, pour que le mouvement soit plus promptement exécuté, et de prendre leur distance de peloton.

Tous ces mouvements se font d'abord en marchant *au pas*. Quand l'escadron est *au trot*, le mouvement se fait *au galop*.

744. L'escadron marchant en bataille, pour faire exécuter un passage d'obstacles sur la tête de chaque peloton, le capitaine commandant commande :

> 1. *Dans chaque peloton = par quatre* (ou *par deux*) *= au trot.*
> 2. MARCHE.
> 3. *Guide à droite.*

Au premier commandement, les chefs de peloton commandent : *Par quatre* (ou *par deux*) *= au trot.*

Au commandement MARCHE, répété par ces mêmes officiers, chaque peloton exécute son dédoublement comme il est prescrit à l'*École du peloton à cheval*; les chefs de peloton marchent en tête de leur peloton ; le guide particulier de droite, qui marche à hauteur des chefs de peloton, se met à la droite du chef du premier peloton ; le guide particulier de gauche, à la queue du quatrième peloton, et les serre-files sur le flanc droit de leurs pelotons.

Chaque peloton, ainsi rompu en colonne, doit conserver une direction parallèle avec celui où est le guide, se maintenir à la même hauteur, et toujours à distance de front, pour pouvoir se reformer en ligne.

Si le terrain oblige un peloton à dévier de sa direction, il doit, dès qu'il le peut, la reprendre, ainsi que sa distance du côté du guide.

On peut, en marchant ainsi, dédoubler *par deux* et

par un, ayant soin de *marcher deux* et *quatre*, dès que le terrain le permet.

Ces mêmes mouvements s'exécutent, l'escadron marchant *ou trot* ou *au galop*.

La rupture n'étant que momentanée, on laisse le guide du côté où il était dans la marche en bataille, afin de ne pas changer la base d'alignement.

745. Pour reformer l'escadron, chaque peloton ayant rompu par quatre ou par deux au trot, la droite en tête, le capitaine commandant commande :

    1. *Formez les pelotons.*
    2. MARCHE.
    3. *Guide à droite.*

Au premier commandement, les chefs de peloton commandent : *Formez le peloton.*

Au commandement MARCHE, répété par ces mêmes officiers, chaque peloton se forme comme il est prescrit à l'*École du peloton à cheval.*

Si le terrain ne permet pas de former tous les pelotons à la fois, celui devant lequel se trouve l'obstacle se forme derrière l'autre peloton de sa division, et reprend sa place en ligne aussitôt qu'il le peut.

746. Ces mouvements s'exécutent par la gauche, suivant les mêmes principes, et par les moyens inverses, aux commandements : 1. *Dans chaque peloton*=*par la gauche par quatre* (ou *par deux*) = *au trot*; 2. MARCHE; 3. *Guide à gauche;* et pour se reformer : 1. *Formez les pelotons;* 2. MARCHE ; 3. *Guide à gauche.*

ARTICLE IV.

Charge.
Ralliement.
Tirailleurs.

—

Charge.

747. Dans la charge, comme dans toute marche directe, l'objet essentiel est de tenir les chevaux droits. Dès qu'on s'aperçoit de quelque désordre, il faut arrêter et recommencer le mouvement.

L'escadron est exercé à charger : 1° *en ligne ;* 2° *en colonne ;* 3° *en fourrageurs.*

La charge en ligne est exécutée par l'escadron en bataille ; elle doit être aussi courte que possible, afin d'arriver en bon ordre, et sans essouffler les chevaux.

La charge en colonne s'exécute par l'escadron rompu en colonne avec distance.

Pour exécuter la *charge en fourrageurs,* tous les cavaliers de l'escadron se dispersent et se dirigent chacun sur le point qu'il veut attaquer, faisant en sorte de ne pas perdre de vue leurs officiers, qui chargent avec eux.

La ligne sur laquelle l'escadron doit se reformer après la charge est figurée, comme il est prescrit à l'*École du peloton à cheval,* par deux sous-officiers de serre-file, que le capitaine commandant fait placer à deux cent quarante pas en avant du front, se faisant face à une distance égale au front de l'escadron.

On place également vis-à-vis de l'aile droite des sous-officiers aux différentes distances où les changements d'allure doivent avoir lieu

On les place à gauche, si le guide est à gauche.

748. L'escadron étant en bataille, le capitaine commandant fait porter la lance, et fait charger les pe-

lotons l'un après l'autre, en commençant par celui de droite.

A cet effet, le capitaine commandant se porte à deux cent quarante pas en avant du front, ayant un trompette avec lui; il se place face à la troupe, et lorsqu'il veut que le mouvement commence, il fait sonner un couplet de la marche.

Le premier peloton se porte de suite en avant, aux commandements de son chef, comme il est prescrit à l'*Ecole du peloton à cheval*. Il passe successivement du *pas* au *trot*, du *trot* au *galop*, et du *galop* à la *charge*.

Les trois autres pelotons rompent à leur tour, quand celui qui les précède a fait HALTE.

749. Pour faire exécuter la charge par l'escadron entier, le capitaine commandant se place en avant du centre de son escadron, et il commande :

    1. *Escadron en avant.*
    2. *Guide à droite* (ou *à gauche*).
    3. MARCHE.

Lorsque l'escadron a fait vingt pas en avant, il commande :

    1. *Au trot.*
    2. MARCHE.

A soixante pas plus loin, il commande :

    1. *Au galop.*
    2. MARCHE.

A quatre-vingts pas plus loin, il commande :

    CHARGEZ.

A ce commandement, répété par les chefs de peloton, les cavaliers prennent la position de la lance, indiquée à l'*Ecole du peloton à cheval*.

Lorsque l'escadron, après avoir parcouru soixante pas au train de charge, est à vingt pas des sous-officiers qui tracent la ligne, le capitaine commandant commande :

1. *Garde à vous.*
2. *Escadron.*
3. HALTE.
4. *A droite* = ALIGNEMENT.
5. FIXE.

Au commandement *Garde à vous*, répété par les chefs de peloton, les cavaliers se préparent à ralentir l'allure et portent la lance.

Au commandement *Escadron*, les chefs de peloton commandent : *Peloton*, et les cavaliers passent *au trot*.

Au commandement HALTE, répété par les chefs de peloton, les cavaliers s'arrêtent.

Au commandement *A droite* = ALIGNEMENT, ils s'alignent à droite.

L'escadron étant aligné, le capitaine commandant commande : FIXE.

750. Afin de s'assurer que les principes prescrits à l'*École du peloton à cheval*, n° 582, sont exactement suivis, le capitaine commandant peut quelquefois se placer en avant du front de l'escadron, lui faisant face, à la distance qu'il juge nécessaire, pour mieux remarquer les fautes. Dans ce cas, il se fait remplacer sur la ligne des officiers par le capitaine en second, qui fait les commandements.

751. Lorsque l'escadron exécute correctement la charge, au lieu de l'arrêter quand la charge est fournie, le capitaine commandant commande :

1. *Garde à vous.*
2. *Au trot.*
3. MARCHE.

A ces commandements, répétés par les chefs de peloton, l'escadron passe *au trot*, et à vingt pas au delà de la ligne tracée, le capitaine commandant commande :

> 1. *Premier* (ou *quatrième*) *peloton* = *en*
> *fourrageurs.*
> 2. MARCHE.

A ces commandements, répétés par le chef du peloton désigné, le peloton se porte en avant, *au galop*, et se disperse en *fourrageurs*. Un trompette suit le chef de peloton.

L'escadron suit ce peloton *au trot*; lorsqu'il a parcouru cent cinquante pas, le capitaine commandant fait sonner *le ralliement*. A cette sonnerie, répétée par le trompette du peloton de fourrageurs, ceux-ci se rallient sur l'escadron, comme il est prescrit à l'*Ecole du peloton à cheval*; et lorsque le peloton est aux trois quarts rallié et en ligne, le capitaine commandant commande :

> 1. *Garde à vous.*
> 2. *Au galop.*
> 3. MARCHE.
> 4. CHARGEZ.

L'escadron exécute une nouvelle charge en ligne; les cavaliers qui n'ont pu se rallier chargent sur les flancs de l'escadron.

752. Pour exercer les cavaliers à se rallier sur un point quelconque, le capitaine commandant, pendant la marche *au trot*, fait gagner à l'escadron du terrain vers l'un de ses flancs, soit en lui faisant exécuter un *demi-à-droite* ou un *demi-à-gauche*, soit en *rompant par pelotons à droite* ou *à gauche*, et se reformant aussitôt dans une nouvelle direction.

753. L'escadron marchant en colonne avec distance, *au trot*, le capitaine commandant commande :

> 1. *Pour charger.*
> 2. MARCHE.

Au premier commandement, le chef du premier peloton commande : *Au galop*.

Au commandement Marche, répété par le chef du premier peloton, ce peloton part *au galop*.

Les autres pelotons suivent *au trot*, chacun d'eux prenant le *galop* quand le peloton qui précède a cinquante pas d'avance.

Quand le premier peloton a parcouru quatre-vingts pas *au galop*, son chef commande : Chargez.

A ce commandement, le peloton exécute la charge ; et quand il a parcouru soixante pas, son chef le fait passer *au trot*, par les commandements : 1. *Garde à vous*; 2. *Au trot*; 3. Marche.

Les autres pelotons sont attentifs aux mouvements du peloton qui les précède, afin de changer d'allure à temps, et de reprendre leur distance ordinaire : le capitaine commandant, lorsqu'il le juge à propos, arrête la colonne.

On fait exécuter ces charges, chaque peloton prenant à son tour la tête de la colonne.

734. L'escadron marchant en colonne avec distance, *au trot*, le capitaine commandant commande :

1. *Premier peloton=en fourrageurs*.
2. Marche.

Au commandement Marche, répété par le chef du premier peloton, ce peloton se disperse en fourrageurs. L'escadron continue de marcher *au trot*, et quand il a parcouru cent à cent cinquante pas, le capitaine commandant fait sonner *le ralliement*.

A cette sonnerie, le peloton se rallie et se reforme à la queue de la colonne, ou à sa place de bataille, si l'escadron s'est mis en ligne.

Ralliement.

755. Pour exercer les cavaliers à se rallier prompte-

ment après qu'ils se sont dispersés en fourrageurs, le capitaine commandant place l'escadron à l'extrémité du terrain; et, après avoir prévenu les files d'encadrement des pelotons, les serre-files et les trompettes, de rester sur la ligne avec lui, pour figurer l'escadron, il fait sonner le *boute-charge*. A ce signal, les cavaliers se dispersent et chargent en fourrageurs; lorsqu'ils sont à cent cinquante ou deux cents pas, le capitaine commandant fait sonner *le rallie-ment*, ce qui s'exécute comme il est prescrit à l'*École du peloton à cheval*.

Le capitaine commandant veille à ce que les cavaliers se dispersent sans désordre, et que, pour se rallier, ils se dirigent à droite et à gauche, en dehors des ailes de la ligne tracée, pour dégager promptement le front de l'escadron et se reformer en passant par derrière les rangs.

756. Lorsque le capitaine commandant s'est assuré que les cavaliers savent se rallier avec calme et sans désordre, il fait répéter ce mouvement sans marquer l'encadrement de l'escadron.

A la sonnerie du *boute-charge*, l'escadron se disperse dans toutes les directions en avant de son front.

Lorsque l'escadron est dispersé, le capitaine commandant fait sonner *le ralliement*.

A cette sonnerie, les officiers, sous-officiers et cavaliers rejoignent rapidement, les officiers ayant l'attention de s'établir promptement sur l'alignement du capitaine commandant, et les sous-officiers marquant aussitôt les encadrements des pelotons.

Dès que le capitaine commandant a réuni les deux tiers de l'escadron, il se porte en avant, le fait charger de nouveau et arrêter.

Lorsque l'escadron est dispersé *en fourrageurs*, le capitaine commandant doit aussi quelquefois s'établir *à droite* ou *à gauche* de la direction suivie par les cavaliers, et faire alors sonner *le ralliement*, pour les habituer à se rallier sur le point où il juge à propos de reformer l'escadron.

On fait exécuter ces mouvements d'abord *au trot*, et ensuite *au galop*.

La cavalerie légère doit être plus particulièrement exercée *à la charge en fourrageurs et au ralliement*.

Tirailleurs.

757. Lorsque l'escadron est en vue des tirailleurs, le capitaine commandant ne fait faire aucune autre sonnerie que celle du ralliement. C'est au chef des tirailleurs à observer le mouvement de la troupe qu'il couvre, et à s'y conformer dès qu'il le peut sans inconvénient, en faisant exécuter par son trompette les signaux nécessaires.

Lorsque l'escadron change de front, le chef des tirailleurs les porte de suite sur le nouveau front à moins d'ordres contraires du capitaine commandant.

Si l'escadron est hors de vue des tirailleurs, le capitaine commandant fait faire les signaux correspondants aux mouvements qu'il exécute, afin d'en prévenir le chef des tirailleurs, qui s'y conforme dès qu'il le peut.

Le trompette qui suit le chef des tirailleurs ne doit faire les signaux que sur l'ordre de cet officier. Les tirailleurs ne doivent faire de mouvements qu'à la sonnerie du trompette qui accompagne l'officier qui les commande.

On se conforme, pour les signaux, ainsi que pour commencer et cesser le feu, à ce qui est prescrit à l'*École du peloton à cheval*.

Quand plusieurs pelotons sont en tirailleurs, on commence le feu par la droite de chaque peloton.

Lorsqu'un escadron est en tirailleurs, le capitaine commandant est toujours suivi d'un trompette. Les autres sont placés à quelques pas en arrière de la ligne des tirailleurs, à égale distance du centre aux extrémités, afin de répéter le plus tôt possible les signaux faits par le trompette du capitaine commandant.

758. L'escadron étant en bataille, le capitaine commandant commande :

1. *Premier* (ou *quatrième*) *peloton=en tirailleurs*.
2. **Marche**.

Au premier commandement, le chef du peloton fait reposer la lance, découvrir les fontes et charger les armes; puis il commande : 1. *Peloton en avant*; 2. *Guide à droite*; 3. *Au trot*.

Au commandement MARCHE, répété par le chef de peloton, ce peloton se porte en avant. Arrivé à cent pas en avant du front de l'escadron, le chef de peloton commande : 1. *Six files de droite (ou de gauche)=en tirailleurs*; 2. MARCHE; 3. *Guide à droite (ou guide à gauche)*; ce qui s'exécute comme il est prescrit à l'*Ecole du peloton à cheval*.

759. Lorsque le capitaine commandant veut faire rentrer les tirailleurs, il fait sonner *le ralliement*.

A ce signal, le chef des tirailleurs rallie son peloton, comme il est prescrit à l'*Ecole du peloton à cheval*, et rejoint ensuite l'escadron *au galop*, se dirigeant sur l'une de ses ailes pour y reprendre sa place de bataille.

760. Lorsque le capitaine commandant veut faire relever un peloton qui est en tirailleurs, le chef du nouveau peloton, après avoir fait charger les armes, se porte sur la troupe de soutien du peloton qui est en tirailleurs. Arrivé à sa hauteur, il met six files en tirailleurs, comme il est prescrit ; les six autres files s'arrêtent et portent la lance.

Dès que les nouveaux tirailleurs ont dépassé de cinq pas ceux qu'ils doivent remplacer, ceux-ci font *demi-tour* et viennent se rallier à leur troupe de soutien. Le peloton ainsi rallié est ramené *au trot* à l'escadron.

761. Pour mettre tout l'escadron en tirailleurs, le capitaine commandant fait reposer la lance, découvrir les fontes, charger les armes, et il commande :

    1. *Escadron en avant*.
    2. *Guide à droite*.
    3. *Au trot*.
    4. MARCHE.

Arrivé à la distance où doit s'établir la troupe de soutien, c'est-à-dire à cent pas du front de la troupe à couvrir, et plus s'il est ordonné, le capitaine commandant commande :

> 1. *Trois premiers pelotons* (ou *trois der-niers pelotons*)=*en tirailleurs.*
> 2. Marche.

Au commandement Marche, le chef du peloton qui doit soutenir les tirailleurs arrête et fait porter la lance. Les chefs des trois autres pelotons continuent de marcher, chacun se dirigeant par le chemin le plus court, à cent pas en avant vers le point de la ligne qu'il doit occuper ; et y étant arrivé, il disperse son peloton en tirailleurs.

Le peloton de droite couvre la droite du régiment, en la dérobant de trente à quarante pas ; un autre peloton couvre le centre, et le peloton de gauche couvre la gauche, en la débordant égaiement de trente à quarante pas. Les chefs de ces pelotons restent à vingt-cinq pas en arrière de la ligne des tirailleurs, et parcourent l'étendue occupée par les cavaliers de leurs pelotons.

Le peloton de soutien se maintient en arrière du centre de la ligne des tirailleurs. Si l'on juge nécessaire de le partager, chaque fraction se porte sur le point désigné, la première commandée par l'officier, et l'autre par le sous-officier qui était en serre-file.

762. L'escadron s'étant porté en avant pour couvrir le régiment, si le capitaine commandant ne veut mettre qu'une division en tirailleurs, il commande : 1. *Première* (ou *deuxième*) *division* = *en tirailleurs;* 2. Marche; ce qui s'exécute comme il est prescrit ci-dessus pour trois pelotons.

La division qui sert de soutien reste en une seule troupe ; ou est partagée en deux, si le capitaine commandant le juge à propos.

763. Le capitaine commandant, suivi du maréchal des logis chef, se tient habituellement à demi-distance de la troupe de soutien aux tirailleurs, pour en diriger les mouvements.

Le capitaine en second, suivi du fourrier, parcourt la ligne, et prévient le capitaine commandant de tout ce qu'il remarque d'important.

764. Si le capitaine commandant veut rallier les tirailleurs sur eux-mêmes, il fait sonner *le ralliement des tirailleurs* (n° 6).

A ce signal, chaque peloton se rallie au plus vite sur son chef.

Si le capitaine commandant veut ensuite faire rallier l'escadron, il se porte sur le point où il veut le former, et fait sonner *le ralliement* dès qu'il voit que chaque peloton est aux trois quarts rallié.

A ce nouveau signal, le peloton de soutien se porte *au galop* sur le point où s'est placé le capitaine commandant, et chaque peloton de tirailleurs en fait autant. Les cavaliers qui n'ont pas rejoint leur peloton quand il se ralliait, se dirigent sur l'escadron.

765. L'escadron étant dispersé en tirailleurs, si le capitaine commandant veut le rallier immédiatement, il fait sonner *le ralliement;* à ce signal, les officiers, les tirailleurs et le peloton de soutien, viennent se rallier sur le point où se trouve le capitaine commandant.

766. Les cavaliers étant en tirailleurs, si le capitaine commandant veut faire charger en fourrageurs, il fait cesser le feu, et fait ensuite sonner le *boute-charge*.

A ce signal, les chefs de peloton se portent en ligne et les tirailleurs portent la lance : ils chargent immédiatement. Le peloton de soutien suit *au trot* ou *au galop*, suivant le besoin.

Après la charge, le capitaine commandant fait sonner *le ralliement*, qui, dans ce cas, s'effectue en arrière du peloton de soutien.

767. Les tirailleurs étant ralliés par pelotons, comme il est prescrit pour rallier les tirailleurs sur eux-mêmes (n° 764), si le capitaine commandant veut faire charger, il fait sonner *la charge*.

A ce signal, chaque chef de peloton mène son peloton à la charge en bon ordre ; le peloton de soutien appuie le mouvement *au trot* ou *au galop*.

Le capitaine commandant se place de manière à pouvoir diriger le mouvement général.

Le capitaine en second charge avec le peloton le plus à sa portée.

Les pelotons se rallient derrière le peloton de soutien ; le capitaine commandant s'y porte en même temps qu'il fait sonner le ralliement.

DE LA COLONNE PAR DIVISIONS.

768. L'escadron étant en bataille, si l'on veut employer l'ordre en colonne par divisions, le capitaine commandant commande :

1. *Division à droite* (ou *à gauche*).
2. MARCHE.
3. HALTE (ou *En=*AVANT).
4. *Guide à gauche* (ou *à droite*).

Ce qui s'exécute comme il est prescrit nᵒˢ 645 et 664, pour rompre par pelotons à droite ou à gauche, en arrêtant après les conversions ou sans arrêter.

Les mêmes mouvements s'exécutent, l'escadron marchant en bataille.

On se conforme, pour la marche en colonne par divisions et pour les différentes manières de passer de l'ordre en bataille à l'ordre en colonne, et de l'ordre en colonne à l'ordre en bataille, aux principes prescrits pour l'ordre en colonne par pelotons.

Pour faire gagner du terrain sur les flancs ou en arrière, on se sert des moyens prescrits pour la colonne par pelotons. On peut aussi exécuter les demi-tours par divisions.

Les distances mesurées de la croupe du deuxième rang d'une division à la tête des chevaux de la division qui suit, doivent être égales au front de la division, moins la profondeur de deux rangs.

Dans les conversions à pivot mouvant par divisions, c'est la neuvième file du peloton sur lequel la conversion s'exécute qui est le milieu du rayon de conversion, et c'est elle qui doit conserver le même degré de vitesse. *L'arc de cercle décrit par le pivot est de dix pas.*

769. L'escadron marchant en colonne par pelotons la droite en tête, pour former les divisions à la même allure, le capitaine commandant commande :

1. *Formez les divisions.*
2. MARCHE.

Au premier commandement, les chefs des deuxième et quatrième pelotons commandent : *Pelotons demi-à-gauche.*

Au commandement MARCHE, répété par les mêmes officiers, les deuxième et quatrième pelotons exécutent un *demi-à-gauche* à pivot fixe. Les premier et troisième pelotons continuent de marcher droit devant eux, et après avoir marché trente pas, leurs chefs commandent : HALTE.

Les chefs des deuxième et quatrième pelotons, le *demi-à-gauche* presque terminé, commandent : 1. *En*=AVANT ; 2. *Guide à droite,* se portent droit devant eux, et dès que la file de droite de leur peloton arrive dans la direction de la file de gauche du peloton qui précède, ils commandent : 1. *Demi (à)*=DROITE ; 2. *En*=AVANT, se portent droit devant eux, et commandent : HALTE, en arrivant à hauteur du peloton sur lequel ils doublent.

Les lieutenants commandant les divisons commandent alors : *A gauche*=ALIGNEMENT, se portent à la gauche de la division, rectifient l'alignement, commandent : FIXE, et se raplacent au centre de leurs pelotons.

Lorsque la colonne est *au trot*, pour former les divisions à la même allure, on se conforme à ce qui vient d'être prescrit, excepté que les chefs des premier et troisième pelotons, au premier commandement, commandent : *Au pas ;* qu'au commandement MARCHE, répété par eux, leurs pelotons passent *au pas,* continuent de marcher, et que les chefs des deuxième et quatrième pelotons, qui exécutent leurs doublements en marchant *au trot.* commandent : *Au pas,* assez à temps pour commander MARCHE, quand leurs pelotons arrivent à hauteur de ceux sur lesquels ils doublent.

Le capitaine commandant commande alors : *Guide à gauche*.

Quand la colonne est *au galop*, pour former les divisions à la même allure, on se conforme aux mêmes principes, les premier et troisième pelotons passant *au trot*, au commandement MARCHE, et les deuxième et quatrième pelotons prenant *le trot* quand ils arrivent à leur hauteur.

La colonne ayant la gauche en tête, on se conforme aux mêmes principes, les premier et troisième pelotons exécutant en sens inverse ce qui est prescrit pour les deuxième et quatrième, et ceux-ci se conformant à ce qui est prescrit pour les premier et troisième pelotons.

770. L'escadron marchant en colonne par divisions, la droite en tête, pour rompre les divisions par pelotons, le capitaine commandant commande :

1. *Par pelotons=rompez les divisions.*
2. MARCHE.
3. *Guide à gauche.*

Au premier commandement, les chefs des deuxième et quatrième pelotons commandent : *Pelotons demi-à-droite.*

Au commandement MARCHE, répété par les mêmes officiers, les deuxième et quatrième pelotons exécutent un *demi-à-droite* à pivot fixe, et les premier et troisième pelotons continuent de marcher droit devant eux.

Les chefs des deuxième et quatrième pelotons, le *demi-à-droite* presque terminé, commandent : 1. *En*=AVANT ; 2. *Guide à gauche,* se portent droit devant eux, et dès que la file de gauche de leur peloton arrive dans la direction de la file de gauche du peloton qui précède, ils commandent : 1. *Demi (à)*=GAUCHE ; 2. *En*=AVANT, et se portent droit devant eux, en prenant leurs distances.

On rompt les divisions par pelotons, suivant les mêmes principes, en marchant *au trot* ou *au galop*.

La colonne ayant la gauche en tête, le capitaine commandant commande : 1. *Par la gauche par peloton = rompez les divisions;* 2. MARCHE; 3. *Guide à droite;* ce qui s'exécute suivant les mêmes principes, les premier et troisième pelotons exécutant en sens inverse ce qui est prescrit pour les deuxième et quatrième, et ceux-ci se conformant à ce qui est prescrit pour les premier et troisième pelotons.

774. L'escadron marchant en colonne par pelotons, la droite en tête, pour former les divisions, en doublant l'allure, le capitaine commandant commande :

> 1. *Formez les divisions=au trot.*
> 2. MARCHE.
> 3. *Guide à gauche.*

Ce qui s'exécute comme il est prescrit n° 769, les premier et troisième pelotons continuant de marcher à la même allure, et les chefs des deuxième et quatrième pelotons commandant : 1. *Pelotons demi-à-gauche=au trot;* 2. MARCHE : 3. *En=*AVANT; 4. *Guide à droite;* et 1. *Demi (à)=*DROITE; 2. *En=*AVANT; 3. *Au pas.* Quand ils arrivent à hauteur du peloton sur lequel ils doublent, ils commandent : 4. MARCHE.

La colonne marchant *au trot,* on forme les divisions *au galop,* suivant les mêmes principes, aux commandements : *Formez les divisions = au galop;* 2. MARCHE; 3. *Guide à gauche.*

Quand la colonne est *au galop,* on forme les divisions à la même allure, les premier et troisième pelotons prenant *le trot* au commandement : MARCHE.

772. L'escadron marchant en colonne par divisions, la droite en tête, pour rompre les divisions par pelotons, en doublant l'allure, le capitaine commandant commande :

> 1. *Par pelotons=rompez les divisions
> =au trot.*

2. MARCHE.
3. *Guide à gauche.*

Au premier commandement, les chefs des premier et troisième pelotons commandent : *Au trot*; ceux des deuxième et quatrième pelotons commandent : *Pelotons demi-à-droite=au trot.*

Au commandement MARCHE, répété par les chefs de peloton, les premier et troisième pelotons se portent droit devant eux *au trot.* Les deuxième et quatrième exécutent leur *demi-à-droite* à pivot fixe *au trot*, et le mouvement s'exécute comme il est prescrit n° 770.

La colonne étant *au trot*, pour rompre par pelotons *au galop*, on se conforme aux mêmes principes, en commandant : 1. *Par pelotons = rompez les divisions = au galop;* 2. MARCHE ; 3. *Guide à gauche.*

La colonne marchant *au galop*, on rompt les divisions à la même allure.

773. L'escadron étant en bataille, si l'on veut rompre par divisions par la droite pour marcher vers la gauche, le capitaine commandant commande :

> 1. *Divisions rompez par la droite=pour marcher vers la gauche.*
> 2. MARCHE.

Ce qui s'exécute comme il est prescrit pour la colonne par peloton, chaque lieutenant commandant successivement MARCHE, quand la division qui précède arrive dans la direction du centre du deuxième peloton de sa division.

Pour rompre par la gauche pour marcher vers la droite, mêmes principes et moyens inverses.

774. Pour rompre l'escadron par division en arrière par la droite pour marcher vers la gauche, le capitaine commandant commande :

1. *Divisions rompez en arrière par la droite pour marcher vers la gauche.*
2. MARCHE.

Ce qui s'exécute comme il est prescrit pour la colonne par pelotons, chaque lieutenant commandant successivement MARCHE, quand le chef de la division qui était à sa droite a commandé : *En* ═AVANT, après avoir exécuté son *demi-tour à droite.*

Pour rompre en arrière par la gauche pour marcher vers la droite, mêmes principes et moyens inverses.

ESCADRON

DE SOIXANTE-QUATRE FILES.

775. Les principes établis pour l'escadron de quarante-huit files sont applicables à l'escadron de soixante-quatre files, avec les modifications suivantes :

Les pelotons étant de seize files, les distances mesurées de la croupe du deuxième rang d'un peloton à la tête des chevaux du premier rang du peloton qui suit, sont de *dix pas.*

On se conforme, pour les changements de direction, à ce qui est prescrit, les pelotons étant de douze files, excepté que *l'arc décrit par le pivot est de six pas.*

L'escadron marchant en colonne par pelotons, on fait rompre par sections, suivant les principes indiqués pour les rompre par quatre, en commandant : 1. *Par sections= rompez les pelotons;* 2. MARCHE. Les mêmes mouvements s'exécutent en *doublant l'allure.* Les sections sont commandées comme il est prescrit *tit. 1ᵉʳ, art.* 2.

Dans le mouvement de *rompre par pelotons par la droite, pour marcher par la gauche,* chaque chef de peloton fait le commandement : MARCHE, quand le peloton qui les précède, après avoir tourné à gauche, arrive à hauteur du centre de son peloton.

Dans le mouvement de *rompre par pelotons en arrière par la droite, pour marcher vers la gauche,* chaque chef de peloton fait le commandement MARCHE, quand le chef du peloton qui le précède, après avoir exécuté son *demi-tour,* commande : *En =* AVANT.

Dans les conversions d'une division à pivot mouvant, *l'arc de cercle est de douze pas:* c'est la douzième file à partir du pivot qui doit conserver l'allure à laquelle on marchait précédemment; et pour l'escadron *l'arc de cercle décrit par le pivot étant de vingt-quatre pas,* c'est la huitième file du deuxième peloton du côté du pivot qui doit conserver l'allure à laquelle on marchait précédemment.

L'escadron étant en bataille, on fait rompre par sections, suivant les principes pour rompre par pelotons, aux commandements : 1. *Section à droite ; 2. Marche ; 3. Halte ;* ou 3. *En* = avant ; 4. *Guide à gauche;* ou 1. *Sections à droite = tête de colonne à droite (ou à gauche).*

Dans la colonne par sections, les distances d'une section à l'autre sont *de deux pas (2 mètres).*

Les changements de direction de la colonne par sections s'exécutent suivant les principes prescrits pour la colonne marchant par le flanc, les pivots décrivant *un arc de cercle de cinq pas* sans ralentir l'allure, l'aile marchante augmentant la sienne.

On se conforme, pour la marche oblique, à ce qui est prescrit dans *la colonne par quatre.*

On rompt les sections par quatre suivant les principes prescrits pour *rompre les pelotons par quatre,* à la même allure et en doublant l'allure.

L'escadron marchant en colonne par sections, on le forme *en avant* ou *sur la droite en bataille,* suivant les principes prescrits pour ces mêmes formations, marchant *en colonne par quatre.*

L'escadron marchant en colonne par sections, on forme l'escadron à la même allure, ou en doublant l'allure, par les moyens prescrits pour la *formation en avant en bataille en marchant par quatre.*

L'escadron marchant en colonne par sections, on le forme *à gauche en bataille,* suivant les principes prescrits pour l'escadron marchant en *colonne par pelotons.*

On rompt par sections pour la *formation de la colonne serrée* et pour le *passage des lignes.*

INSTRUCTION PRATIQUE

POUR DONNER

LA LEÇON SUR LE TERRAIN.

LANCIERS.

ÉCOLE DE L'ESCADRON A CHEVAL.

INSTRUCTION PRATIQUE

POUR DONNER

LA LEÇON SUR LE TERRAIN.

LANCIERS.

ÉCOLE DE L'ESCADRON A CHEVAL.

Observations pour les Instructeurs.

1. L'école de l'escadron a pour objet d'instruire les pelotons à exécuter ensemble ce qu'ils ont appris séparément, et de préparer l'escadron à tout ce qu'il doit exécuter dans un régiment.

2. L'instructeur fait alterner les officiers pour le commandement des pelotons, afin qu'ils aient tous une égale habitude de toutes les positions dans l'escadron.

Il en use de même à l'égard des sous-officiers et leur donne quelquefois le commandement d'un peloton.

3. L'instructeur donne l'explication de chaque mouvement *par la droite* seulement.

Lorsque le mouvement est correctement exécuté *par la droite*, on le répète de suite *par la gauche.*

Afin de mieux faire comprendre les formations en bataille, on les exécute d'abord de pied ferme en les décomposant.

On répète tous les mouvements *au trot* et *au galop,* excepté :

   1° *Les à-droite, les à-gauche et les demi-tours par quatre;*

   2° *La contre-marche ;*
   3° *Les conversions à pivot mouvant par esca-*
      dron ;
   4° *Les obliques individuels en marchant par*
      escadron.

qui ne s'exécutent qu'*au pas* et *au trot.*

Lorsqu'un article est bien compris, il est répété la lance portée.

4. Les commandants de pelotons mettent le sabre à la main au commandement GARDE A VOUS et le remettent dans le fourreau au commandement REPOS.

5. L'instructeur fait monter à cheval et mettre pied à terre *par temps, mais sans explication.*

6 Le capitaine en second chargé de l'alignement du deuxième rang et des serre-files surveille cette partie importante de l'instruction. Il reprend sa place de bataille au commandement FIXE.

7. Lorsque l'escadron est suffisamment instruit, l'instructeur fait exécuter tous les mouvements sur des lignes obliques au carré du terrain.

8. L'instructeur exige que toute espèce de rectification de la part des chefs de peloton se fasse par signe et à voix basse.

ARTICLE Ier,

En instruction, l'article 1er de l'*École de l'escadron à cheval* comprend une seule série de mouvements, savoir :

I.—Alignement successif des pelotons dans l'escadron.

II.—Alignement de l'escadron.

III.—Ouvrir et serrer les rangs.

IV.—Rompre l'escadron par quatre,

V.—Marche directe en colonne par quatre.

VI.—L'escadron marchant en colonne par quatre , le former en avant en bataille.

VII.—L'escadron marchant en colonne par quatre , le former à gauche (ou à droite) en bataille.

VIII.—L'escadron marchant en colonne par quatre, le former sur la droite (ou sur la gauche) en bataille.

IX.—Régler la vitesse des allures.

X.—Former l'escadron sur un rang et le reformer sur deux.

592. L'escadron étant formé sur deux rangs ouverts, les sous-officiers, brigadiers et cavaliers à la tête de leurs chevaux, les chefs de peloton à cheval à 10 pas vis-à-vis du centre de leurs pelotons et leur faisant face, le capitaine commandant commande :

1. GARDE A VOUS.
2. *A droite* = ALIGNEMENT.
3. FIXE.

EXPLICATION. 592. Au commandement : *Dans chaque peloton* = *et dans chaque rang* = COMPTEZ-VOUS (*par*) QUATRE , les cavaliers se comptent dans les...

EXÉCUTION. *Dans chaque peloton* = *et dans chaque rang* = COMPTEZ-VOUS (*par*) QUATRE.

Faire monter à cheval *par temps*, mais *sans explication*.

L'escadron étant à cheval :

EXPLICATION. Au commandement *Reprenez* = VOS RANGS, les chefs de peloton se portent...

EXÉCUTION. *Reprenez = VOS RANGS.*

On n'aligne pas l'escadron, on rompt par deux ou par quatre, et en arrivant sur le terrain d'exercice on se forme en bataille sans explication.

I. — Alignement successif des pelotons dans l'escadron.

593. L'escadron étant en bataille, le capitaine commandant fait placer les deux sous-officiers guides principaux de droite et de gauche, sur une ligne parallèle au front de l'escadron à 30 pas en avant des guides particuliers et se faisant face (1) par l'avertissement :

Guides principaux portez-vous en avant, pour tracer la ligne parallèlement au front.

EXPLICATION. 593. A l'avertissement qui lui en est fait, le chef du 1er peloton commande : 1. *Peloton en avant...*

Au commandement MARCHE, le peloton se porte en...

Le chef du peloton et le guide particulier de droite...

EXÉCUTION. CHEF DU PREMIER PELOTON, PORTEZ VOTRE PELOTON EN AVANT.

Le capitaine commandant et le capitaine en second rectifient l'alignement du peloton base d'alignement, et lorsque ce peloton est correctement aligné le capitaine commandant commande FIXE, et va se replacer vis-à-vis le centre de l'escadron.

INDICATION. *Alignement successif des pelotons dans l'escadron.*

EXPLICATION. 593. Au commandement : 1. *Par*

---

(1) Les guides principaux portent la lance.

peloton = à droite = ALIGNEMENT, le chef du deuxième peloton...

Au commandement HALTE, le peloton s'arrête.

Au commandement *A droite* = ALIGNEMENT, tous les...

Chaque chef de peloton...

Le guide particulier de gauche...

Au commandement FIXE, le capitaine en second et les guides principaux reprennent leur place.

EXÉCUTION. 1. *Par peloton = à droite*=ALIGNEMENT.

> L'escadron étant aligné :

> 2. FIXE.

Répéter de suite cet alignement par la gauche.

594. Placer les guides principaux pour l'alignement oblique par l'avertissement :

> *Guides principaux, portez-vous en avant, pour tracer la ligne obliquement à droite.*

EXPLICATION. 594. A l'avertissement qui lui en est fait, le chef du premier peloton porte son peloton à 24 pas en avant, lui fait exécuter un *demi-à-droite*, aux commandements :

> 1. DEMI = (à) DROITE ; 2. *En* =AVANT. Et après avoir marché 6 pas dans cette nouvelle direction, il commande : 3. HALTE ; 4. *A droite*=ALIGNEMENT.

EXÉCUTION. CHEF DU 1er PELOTON, PORTEZ VOTRE PELOTON EN AVANT.

Le peloton, base d'alignement, étant correctement aligné, le capitaine commandant commande :

> FIXE.

INDICATION. *Alignement successif des pelotons dans l'escadron.*

EXPLICATION. 594. Au commandement *Par peloton = à droite* = ALIGNEMENT, le mouvement s'exécute successivement ; chaque chef
de peloton...

EXÉCUTION. *Par peloton = à droite* = ALIGNE-
MENT.

II. — Alignement de l'escadron.

Faire porter à quelques pas en avant le guide particulier de droite et le chef du premier peloton.

INDICATION. *Alignement de l'escadron.*

EXPLICATION. 596. Au commandement : 1. *A
droite* = ALIGNEMENT, tous les...

EXÉCUTION. 1. *A droite* = ALIGNEMENT.
   2. FIXE.

III. — Ouvrir et serrer les rangs.

INDICATION. *Ouvrir les rangs.*

EXPLICATION. 598. Le mouvement s'exécute
comme il est prescrit à l'*Ecole de peloton* ; les
cavaliers du deuxième rang reculent de 6 pas
et...

EXÉCUTION. 1. *En arrière ouvrez vos rangs.*
   2. MARCHE.
   3. *A droite* = ALIGNEMENT.
   4. FIXE.

INDICATION. *Serrer les rangs.*

EXPLICATION. 599. Le mouvement s'exécute comme il est prescrit à l'*Ecole de peloton* ; les
chefs de...

EXÉCUTION. 1. *Serrez vos rangs.*
    2. MARCHE.
    3. *A droite* = ALIGNEMENT.
    4. FIXE.

IV. — Rompre l'escadron par quatre.

INDICATION. *Rompre l'escadron par quatre.*

EXPLICATION. 600. Au commandement 1. *Par quatre*, le chef du premier peloton...

Au commandement 2. MARCHE, les quatre...

Les chefs des autres pelotons...

Il est essentiel que les files, après avoir marché six pas droit devant...

EXÉCUTION. 1. *Par quatre.*
    2. MARCHE.

Lorsque les 4 premières files ont rompu :

    3. *Guide à gauche.*

V. — Marche directe en colonne par quatre.

Arrêter la colonne.

602. S'assurer que les officiers, les serre-files et les guides particuliers sont placés comme il est prescrit aux bases d'instruction.

EXPLICATION. 603. Le but de la marche en colonne étant de calmer les chevaux et de donner de l'ensemble aux allures, les cavaliers évitent de rechercher leurs chevaux : ils se conforment aux principes de la marche directe ; les rangs de quatre doivent être exactement alignés ; les files doivent marcher

Escad. à cheval. Lanciers.   7

dans une même direction ; les cavaliers, rapprochés botte à botte, doivent conduire leurs chevaux sans employer de force, conservant la position du corps et la main de la bride bien placée.

EXÉCUTION. 1. *Colonne en avant.*
2. MARCHE.
3. *Guide à gauche.*

Arrêter la colonne.

INDICATION. *Changement de direction.*

EXPLICATION. 603. Le mouvement s'exécule comme il est prescrit à l'*Ecole du peloton...*

EXÉCUTION. *Tête de colonne à gauche.*

Arrêter la colonne.

EXPLICATION. 604. La colonne étant en marché, aux commandements : 1. *Au trot*, 2. MARCHE, les cavaliers prennent *le trot*, ayant...

Porter la colonne en avant.

EXÉCUTION. 1. *Au trot.*
2. MARCHE.

Faire passer au pas.
Faire exécuter l'oblique à gauche et à droite *au pas.*
Arrêter la colonne.

VI. — L'escadron marchant en colonne par quatre, le former en avant en bataille.

INDICATION. *L'escadron marchant en colonne par quatre, le former en avant en bataille.*

EXPLICATION. 607. Aux commandements : 1. *En avant en bataille*, 2. MARCHE, les quatre premières files...

Au commandement Halte, les quatre premières files...

Le capitaine en second se porte à...

A mesure que les chefs de peloton...

Le guide particulier de gauche se...

Porter la colonne en avant.

Exécution. 1. *En avant en bataille.*
 2. Marche.
 3. *A droite* = alignement (1).
 4. Fixe.

Rompre par quatre *la gauche en tête*, et répéter le même travail sans explication.

Rompre par quatre, *la droite en tête.*

Arrêter la colonne.

Étant de pied ferme, partir au trot.

Marchant au trot, arrêter.

Exécuter *au trot* les changements de direction, la marche oblique individuelle et la formation *En avant en bataille.*

Même travail, *la gauche en tête.*

Répéter le même travail, la droite et la gauche en tête, *au galop.*

---

(1) Le capitaine commandant se porte à l'aile droite aussitôt après avoir commandé : Marche, et ne commande l'alignement que lorsque le chef du 1ᵉʳ peloton a commandé Halte.

Il ne commande Fixe que lorsque les 4 dernières files sont alignées.

VII. — L'escadron marchant en colonne par quatre, le former à gauche (ou à droite) en bataille.

L'escadron étant rompu en colonne par quatre la droite en tête et arrêté :

INDICATION. *L'escadron marchant en colonne par quatre, le former à gauche en bataille.*

EXPLICATION. 608. Aux commandements : **1. *A gauche en bataille*, 2. MARCHE**, les quatre premières files...

Au commandement HALTE, les quatre premières files...

Le capitaine en second, les chefs de peloton et le...

Porter la colonne en avant.

EXÉCUTION. 1. *A gauche en bataille.*
             2. MARCHE.
             3. *A droite* = ALIGNEMENT.
             4. FIXE.

Rompre l'escadron par la gauche par quatre et faire exécuter la formation *à droite en bataille.*

Même travail, la droite et la gauche en tête, *au trot* et ensuite *au galop.*

VIII. — L'escadron marchant en colonne par quatre, le former sur la droite (ou sur la gauche) en bataille.

L'escadron étant rompu en colonne par quatre la droite en tête et arrêté :

INDICATION. *L'escadron marchant en colonne par quatre, le former sur la droite en bataille.*

EXPLICATION. 609. Aux commandements : 1. *Sur la droite en bataille*, 2. MARCHE, les quatre premières files...

Au commandement HALTE, les quatre premières files...

Le capitaine en second, les chefs de peloton et le guide particulier...

Porter la colonne en avant.

EXÉCUTION. 1. *Sur la droite en bataille.*
2. MARCHE.
3. *A droite* = ALIGNEMENT.
4. FIXE.

Rompre l'escadron par la gauche par quatre, et faire exécuter la formation *sur la gauche en bataille.*

Même travail, la droite et la gauche en tête, *au trot*, et ensuite *au galop*.

IX. — Régler la vitesse des allures.

642. Quand les marches et formations prescrites ci-dessus ont mis dans les allures assez d'ensemble et de précision, le capitaine commandant s'occupe d'en régler la vitesse en se conformant à ce qui est prescrit dans l'ordonnance.

Lorsqu'on est parvenu à régler la vitesse des allures on fait fréquemment passer d'une allure à une autre ; et on exerce l'escadron à rompre par quatre *de pied ferme, au trot et au galop*.

X. — Former l'escadron sur un rang et le former sur deux.

L'escadron étant en bataille :

EXPLICATION. En instruction, lorsqu'on forme l'escadron sur un rang, les chefs de peloton restent au centre de leur peloton, les sous-officiers et brigadiers ne passent pas à la droite de l'escadron, les serre-files suivent le deuxième rang.

EXÉCUTION. 1. *A gauche sur un rang.*
2. MARCHE.
3. FRONT (1).
4. HALTE.
5. *A droite* = ALIGNEMENT,
6. FIXE.

Pour reformer l'escadron en bataille :

1. *A droite sur deux rangs.*
2. MARCHE.
3. *A droite* = ALIGNEMENT (2).
4. FIXE.

La première fois qu'on fait mettre pied à terre, on donne l'explication suivante :

EXPLICATION. 614. Pendant que l'escadron met pied à terre, le capitaine en second et les chefs de peloton restent à cheval pour surveiller le mouvement.

Les chefs de peloton ne mettent pied à terre que successivement, lorsque le dernier cavalier de leur peloton a défilé ; le capitaine en second, quand tout le mouvement est terminé.

Répéter cet article *le sabre à la main*, sans suivre l'ordre des mouvements indiqué dans la progression.

---

(1) Le capitaine commandant fait le commandement FRONT à l'instant où le 1/3 des cavaliers du 2ᵉ rang en colonne a débordé le 1ᵉʳ rang, et il ne commande *A droite*= ALIGNEMENT que lorsque le cavalier de la droite du 2ᵉ rang a fait FRONT.

(2) Le capitaine commandant fait le commandement *A droite* = ALIGNEMENT quand le cavalier de la droite du 2ᵉ rang a fait FRONT.

ARTICLE II.

En instruction, l'article 2 de l'*École de l'escadron à cheval* peut être divisé en trois séries de mouvements :

La première série comprend :

I.—L'escadron étant en bataille, le former en colonne avec distance.

II.—Marcher en colonne avec distance.

III.—Changement de direction par des conversions successives.

IV.—Marche oblique individuelle.

V.—A gauche en bataille.

VI.—Déboublements et doublements à la même allure, l'escadron marchant en colonne avec distance au pas.

VII.—Dédoublements et doublements à la même allure, l'escadron marchant en colonne avec distance au trot.

VIII.—Dédoublements et doublements à la même allure, l'escadron marchant en colonne avec distance au galop.

IX.—Dédoublements et doublements en doublant l'allure, l'escadron marchant en colonne avec distance au pas.

X.—Dédoublements et doublements en doublant l'allure, l'escadron marchant en colonne avec distance au trot.

XI.—L'escadron marchant en colonne avec distance, faire face au côté opposé à sa direction et se remettre face en tête.

La deuxième série comprend :

I.—Rompre par la droite pour marcher vers la gauche.

II.—A droite, ordre inverse en bataille.

III.—Rompre en arrière par la droite pour marcher vers la gauche.

IV.—Sur la droite en bataille.

V.—Sur la gauche ordre inverse en bataille.

VI.—Rompre par pelotons en avant de son front.

VII.—En avant en bataille.

VIII.—Rompre par pelotons à droite, et se porter en avant après la conversion.

IX.—En avant ordre inverse en bataille.

La troisième série comprend :

I.—Rompre par pelotons à droite, tête de colonne à gauche ou demi-à-gauche.

II.—Sur la queue de la colonne face en arrière en bataille.

III.—Sur la queue de la colonne face en arrière ordre inverse en bataille.

IV.—Rompre par pelotons à droite, tête de colonne à droite ou demi-à-droite.

V.—Sur la tête de la colonne face en arrière en bataille.

VI.—Sur la tête de la colonne face en arrière ordre inverse en bataille.

VII.—Mouvements par quatre, l'escadron étant en colonne avec distance.

Ire SÉRIE.

I.—L'escadron étant en bataille, le former en colonne avec distance.

L'escadron étant en bataille :

INDICATION. *L'escadron étant en bataille, le former en colonne avec distance*

EXPLICATION. 615. Au commandement 1. *Pelotons à droite*, la file de gauche...

7.

Au commandement 2. MARCHE, chaque peloton...

Au commandement 3. HALTE, les ailes marchantes et tous les...

Les chefs de peloton, sans quitter le centre de leur troupe, veillent à l'exécution...

Pendant la durée du mouvement, le guide particulier...

EXÉCUTION. 1. *Pelotons à droite.*
      2. MARCHE.
      3. HALTE (1).

II. — Marcher en colonne avec distance.

EXPLICATION. 646. Dans cet ordre de colonne, les guides doivent...

L'observation des distances étant l'objet le plus...

Les chefs de peloton sont responsables...

Le premier peloton d'une colonne qui se met en...

617. Aux commandements : 1. *Colonne en avant*, 2. MARCHE, tous les pelotons se mettent...

Donner un point de direction.

EXÉCUTION. 1. *Colonne en avant.*
      2. MARCHE.
      3. *Guide à gauche.*

---

(1) Le capitaine commandant commande : HALTE, à l'instant où les pelotons sont près de finir leurs conversions. Il s'assure ensuite que chaque officier et sous-officier conserve la place qui lui est assignée dans cet ordre de colonne.

La colonne étant en marche :

INDICATION. *Arrêter la colonne.*

EXPLICATION. 643. Au commandement 1. *Co-lonne*, tous les pelotons...
  Au commandement 2. HALTE, tous les pe-lotons...

EXÉCUTION. 1. *Colonne.*
           2. HALTE.

III. — Changement de direction par des conversions successives.

INDICATION. *Changement de direction par des conversions successives.*

EXPLICATION. 618. La colonne étant en marche, au commandement *Tête de colonne à gauche,* le chef du premier peloton...
  Chaque chef de peloton...
  Dans ce changement de direction en mar-chant...
  Tous les pelotons commencent...

Dans la colonne avec distance, les changements de direction s'exécutent par des conversions successives à pivot mouvant, afin qu'il n'en résulte aucun retard dans la marche.
  L'arc de cercle, décrit par les pivots des pelotons, doit être de *cinq pas.*
  La conservation exacte des distances, après les changements de direction, tient à...

Porter la colonne en avant.

EXÉCUTION. *Tête de colonne à gauche* (1).

______

(1) Dans le changement de direction, le guide, qui marque

Faire exécuter un changement de direction à droite, et ensuite une *tête de colonne demi-à-gauche*, et une *tête de colonne demi-à-droite*.

Faire passer *au trot*, et exécuter les changements de direction à cette allure.

Faire passer *au pas* et arrêter.

IV.—Marche oblique individuelle.

La colonne étant arrêtée :

INDICATION. *Marche oblique individuelle* (1).

EXPLICATION. 619. La colonne étant en marche, aux commandements : 1. *Oblique à gauche*, 2. MARCHE, le mouvement s'exécute à la fois...

Les guides des trois derniers pelotons ont l'attention...

Porter la colonne en avant :

EXÉCUTION. 1. *Oblique à gauche.*
            2. MARCHE.

---

le point de la conversion, passe, pour se porter au point indiqué, entre le chef du 2ᵉ peloton et le deuxième rang du 1ᵉʳ peloton ; après que le dernier peloton a tourné, il rejoint sa place en passant par la queue de la colonne du côté opposé au guide.

(1) Dans *l'oblique à droite (la droite en tête)*, le brigadier de droite du 2ᵉ peloton doit déborder le brigadier de droite du 1ᵉʳ peloton, et tous les autres brigadiers de droite doivent prendre pour direction celui du 2ᵉ peloton. Dans *l'oblique à gauche (la droite en tête)*, il faut, au contraire, que le brigadier de gauche du 2ᵉ peloton marche en dedans de la direction de celui du 1ᵉʳ peloton, ayant bien soin de ne pas le déborder.

En effet, dans la marche oblique la droite en tête, soit à droite, soit à gauche, il peut arriver deux choses, ou que

La colonne marchant dans la direction oblique :

EXPLICATION. Au commandement $En =$ AVANT,
le mouvement s'exécute à la fois...

EXÉCUTION. $En =$ AVANT.

Arrêter la colonne.

INDICATION. *Marche oblique individuelle.*

EXPLICATION. 620. Lorsque la marche oblique doit
s'exécuter du côté...

Porter la colonne en avant.

EXÉCUTION. 1. *Oblique à droite.*
        2. MARCHE.
        3. *En=*AVANT.

V.— A gauche en bataille.

L'escadron étant en colonne avec distance et arrêté :

INDICATION. *A gauche en bataille.*

---

les guides des trois derniers pelotons de la colonne se jettent
trop à droite, ou qu'ils se jettent trop à gauche. Dans le
premier cas, il n'en résulte qu'un très-petit inconvénient.
Après le commandement $En=$AVANT, le guide de gauche
reprend insensiblement sa direction, et tous les cavaliers
appuient sur lui. Mais, dans le second cas, le guide de
gauche est obligé, pour reprendre la direction, de forcer sur
son peloton, ce qui est beaucoup plus difficile que de l'at-
tirer à lui.

Ceci se rattache à un principe général : *c'est qu'il vaut
toujours mieux que le guide soit trop en dedans que trop
en dehors de la direction* (Observations sur l'ordonnance,
par M. le comte Dejean).

EXPLICATION. **644.** Au commandement 1. *A gauche en bataille*, le guide particulier...

Au commandement 2. MARCHE, l'escadron se met...

Au commandement 3. HALTE, les ailes marchantes arrêtent.

Au commandement 4. *A droite*=ALIGNEMENT, elles achèvent leur emboîtement et les pelotons s'alignent...

Pendant la durée de la..,

645. Le guide particulier qui se porte sur le prolongement des guides de la...

EXÉCUTION. 1. *A gauche en bataille* (1).
2. MARCHE.
3. HALTE.
4. *A droite* = ALIGNEMENT.
5. FIXE.

Former l'escadron en colonne avec distance, *la gauche en tête*, par les commandements :
1. *Pelotons à gauche.*
2. MARCHE.
3. HALTE.

L'escadron étant en colonne avec distance, *la gauche en tête*, faire exécuter successivement :

Les changements de direction,
La marche oblique individuelle,
La formation à droite en bataille.

---

(1) Le capitaine commandant, après avoir commandé *à gauche en bataille*, s'assure, avant de commander MARCHE, que le guide particulier de droite est bien exactement sur la direction des guides de la colonne.

Aussitôt qu'il a commandé HALTE, il se porte avec célérité à l'aile droite de l'escadron.

Le capitaine commandant commande HALTE, à l'instant où les ailes marchantes sont près de finir leur emboîtement.

Répéter le même travail, la droite et la gauche en tête, *au trot* et *au galop*.

VI. — Dédoublements et doublements à la même allure, l'escadron marchant en colonne avec distance, au pas.

L'escadron étant en colonne avec distance, la droite en tête :

INDICATION. *Rompre par quatre à la même allure.*

EXPLICATION. 622. La colonne étant en marche, au commandement 1. *Par quatre*, répété par le chef du premier...

Au commandement 2. MARCHE, répété par le chef...

Le chef du 2ᵉ peloton, et successivement ceux des troisième et quatrième...

Porter la colonne en avant.

EXÉCUTION. 1. *Par quatre.*
2. MARCHE.
3. *Guide à gauche.*

Arrêter la colonne.

INDICATION. *Rompre par deux à la même allure.*

EXPLICATION. 623. Les chefs de peloton se conforment à...

Porter la colonne en avant.

EXÉCUTION. 1. *Par deux.*
2. MARCHE.
3. *Guide à gauche.*

Arrêter la colonne.

INDICATION. *Rompre par un à la même allure.*

EXPLICATION. 624. Le mouvement s'exécute comme il est prescrit...

Porter la colonne en avant.

EXÉCUTION. 1. *Par un.*
2. MARCHE.

Arrêter la colonne.

L'escadron étant en colonne *par un ·*

INDICATION. **Doubler par deux à la même allure.**

EXPLICATION. 627. La colonne étant en marche, aux commandements : 1. *Marchez deux,* 2. MARCHE, successivement répétés...
Les trois autres pelotons continuent...

Porter la colonne en avant.

EXÉCUTION. 1. *Marchez deux.*
2. MARCHE.

INDICATION. **Doubler par quatre à la même allure.**

EXPLICATION. 628. Le mouvement s'exécute comme il est....

Porter la colonne en avant.

EXÉCUTION. 1. *Marchez quatre.*
2. MARCHE.

INDICATION. **Former les pelotons à la même allure.**

EXPLICATION. 629. La colonne étant en marche, au commandement 1. *Formez les pelotons,* le chef du premier...
Au commandement 2. MARCHE, répété par le chef du...
Les autres pelotons continuent...

Porter la colonne en avant.

EXÉCUTION. 1. *Formez les pelotons.*
        2. MARCHE.
        3. *Guide à droite* (1).

Former l'escadron *à gauche en bataille.*

Rompre l'escadron en colonne avec distance *la gauche en tête.*

Répéter ces doublements et dédoublements, *la gauche en tête.*

VII. — Dédoublements et doublements à la même allure, l'escadron marchant en colonne avec distance au trot.

L'escadron étant en colonne avec distance, la droite en tête :

INDICATION. *Rompre par quatre, par deux, par un, à la même allure.*

EXPLICATION. 625. La colonne marchant *au trot,* au commandement 1. *Par quatre,* répété par le chef...

    Au commandement 2. MARCHE, répété par tous les...

    Le chef du 2ᵉ peloton et successivement ceux des...

    Ces principes sont applicables aux dédoublements *par deux* et *par un.*

---

(1) Il faut, en se reportant au nº 548 de l'*École du peloton à cheval,* commander *guide à droite.*

Ce commandement a été omis dans l'ordonnance. Nous rectifions ici cet oubli.

Porter la colonne en avant *au trot.*

EXÉCUTION. 1. *Par quatre.*
2. MARCHE.
3. *Guide à gauche.*

Faire dédoubler ensuite *par deux* et *par un*, la colonne marchant *au trot.*

Arrêter la colonne.

L'escadron étant en colonne *par un* :

INDICATION. *Doubler par deux, par quatre, et former les pelotons à la même allure.*

EXPLICATION. 630. Lorsque la colonne est *au trot*, on se conforme aux mêmes principes que lorsqu'elle est *au pas*, excepté qu'au lieu d'arrêter, la première ou les premières files passent *au pas* au...

Dans la formation des pelotons *seulement*, chaque chef de peloton répète l'indication du guide dès que son peloton est formé (1).

Porter la colonne en avant *au trot.*

EXÉCUTION. 1. *Marchez deux.*
2. MARCHE.
3. *Guide à gauche.*

Faire doubler ensuite *par quatre* et *former les pelotons*, la colonne marchant *au trot.*

Arrêter la colonne.

Former l'escadron à gauche en bataille et exécuter le même travail la gauche en tête.

____

(1) Dans ce cas, la colonne continuant de marcher après la formation des pelotons, le capitaine ne doit plus commander, comme dans la formation au pas, le *guide à droite.* Mais dès que le premier peloton est formé, il commande le *guide à gauche*, puisque la colonne a *la droite en tête.*

VIII. — Dédoublements et doublements à la même allure, l'escadron marchant en colonne avec distance au galop.

L'escadron étant en colonne avec distance, la droite en tête :

INDICATION. *Rompre par quatre, par deux, par un, à la même allure.*

EXPLICATION. 626. Lorsque la colonne est *au galop,* on se conforme exactement à ce qui est prescrit la colonne marchant *au trot;* la colonne passant *au trot* excepté les premières files, et toutes les...

Porter la colonne en avant *au galop.*

EXÉCUTION. 1. *Par quatre.*
      2. MARCHE.
      3. *Guide à gauche.*

Faire dédoubler ensuite *par deux* et *par un,* la colonne marchant *au galop.*

Arrêter la colonne.

L'escadron étant en colonne *par un :*

INDICATION. *Doubler par deux, par quatre et former les pelotons à la même allure.*

EXPLICATION. 630. Lorsque la colonne est *au galop,* pour doubler à la même allure, on se conforme aux mêmes principes que lorsque la colonne est *au trot.* La première ou les premières files...

Porter la colonne en avant *au galop.*

EXÉCUTION. 1. *Marchez deux.*
      2. MARCHE.
      3. *Guide à gauche.*

Faire doubler ensuite par quatre et former les pelotons, la colonne marchant *au galop.*

Former l'escadron *à gauche en bataille*.

Répéter *la gauche en tête,* les dédoublements et doublements à la même allure, la colonne marchant *au galop*.

IX. — Dédoublements et doublements en doublant l'allure, l'escadron marchant en colonne, avec distance, au pas.

L'escadron étant en colonne avec distance, la droite en tête :

INDICATION. *Rompre par quatre, par deux, et par un en doublant l'allure.*

EXPLICATION. 633. La colonne étant en marche, au commandement 1. *Par quatre = au trot,* répété par le chef du...

    Au commandement 2. MARCHE, répété par le chef du premier...

    Les autres pelotons continuent de marcher au pas ; leurs chefs...

Ces principes sont applicables aux dédoublements *par deux* et *par un.*

Porter la colonne en avant.

EXÉCUTION. 1. *Par quatre = au trot.*
           2. MARCHE.
           3. *Guide à gauche.*

Faire dédoubler ensuite *par deux* et *par un,* en doublant l'allure, la colonne marchant *au pas.*

Arrêter la colonne.

L'escadron étant en colonne *par un :*

INDICATION. *Doubler par deux en doublant l'allure.*

EXPLICATION. 635. La colonne étant en marche,

aux commandements : 1. *Marchez deux=au trot*, 2. MARCHE, successivement...

Au commandement 1. *Marchez deux = au trot*, les chefs des trois derniers...

Le chef du deuxième peloton et successiment les chefs des...

Porter la colonne en avant.

EXÉCUTION. 1. *Marchez deux=au trot.*
            2. MARCHE.
            3. *Guide à gauche.*

Arrêter la colonne.

INDICATION. *Doubler par quatre en doublant l'allure.*

EXPLICATION. 636. Le mouvement s'exécute comme il est...

Porter la colonne en avant.

EXÉCUTION. 1. *Marchez quatre=au trot.*
            2. MARCHE.
            3. *Guide à gauche.*

Arrêter la colonne.

INDICATION. *Former les pelotons en doublant l'allure.*

EXPLICATION. 637. La colonne étant en marche, au commandement 1. *Formez les pelotons = au trot*, le chef du...

Les chefs des trois derniers pelotons...

Au commandement 2. MARCHE, répété par ces...

Les trois derniers pelotons prennent le trot...

Porter la colonne en avant.

EXÉCUTION. 1. *Formez les pelotons=au trot.*
          2. MARCHE.
          3. *Guide à gauche.*

Former l'escadron *à gauche en bataille.*

Répéter *la gauche en tête* les doublements et dédoublements en doublant l'allure, la colonne marchant *au pas.*

X. — Dédoublements et doublements en doublant l'allure, l'escadron marchant en colonne, avec distance, au trot.

L'escadron étant en colonne avec distance, la droite en tête :

INDICATION. *Rompre par quatre, par deux et par un, en doublant l'allure.*

EXPLICATION. 634. Lorsque la colonne est *au trot,* les dédoublements s'exécutent *au galop,* suivant les mêmes principes que lorsqu'elle est *au pas.*

Porter la colonne en avant *au trot.*

EXÉCUTION. 1. *Par quatre=au galop.*
          2. MARCHE.
          3. *Guide à gauche.*

Faire dédoubler ensuite *par deux* et *par un* en doublant l'allure, la colonne marchant *au trot.*

Arrêter la colonne.

L'escadron étant en colonne *par un :*

INDICATION. *Doubler par deux, par quatre, et former les pelotons en doublant l'allure.*

EXPLICATION. 638. Lorsque la colonne est *au trot,* les doublements s'exécutent suivant les mêmes principes que lorsqu'elle est *au pas.*

Porter la colonne en avant *au trot.*

EXÉCUTION. 1. *Marchez deux=au galop.*
         2. MARCHE.
         3. *Guide à gauche.*

Faire doubler ensuite par quatre, et former les pelotons en doublant l'allure, la colonne marchant *au trot.*

Former l'escadron *à gauche en bataille.*

Répéter *la gauche en tête* les doublements et dédoublements en doublant l'allure, la colonne marchant *au trot.*

Arrêter la colonne.

XI. — L'escadron marchant en colonne avec distance, faire face au côté opposé à sa direction et se remettre face en tête.

L'escadron étant en colonne avec distance, la droite en tête :

INDICATION. *L'escadron marchant en colonne avec distance, faire face au côté opposé à sa direction et se remettre face en tête.*

EXPLICATION. 640. Au commandement 1. *Pelotons demi-tour à gauche,* le cavalier...

    Au commandement 2. MARCHE, les pivots arrêtent, et les ailes...

    Les ailes marchantes se règlent ensuite...

    Pendant la durée du mouvement, le guide particulier de gauche...

Porter la colonne en avant.

EXÉCUTION. 1. *Pelotons demi-tour à gauche.*
         2. MARCHE.

3. *En* = AVANT.
4. *Guide à droite.*

La colonne marchant *la gauche en tête*, pour faire reprendre la direction primitive :

1. *Pelotons demi-tour à droite.*
2. MARCHE.
3. *En* = AVANT.
4. *Guide à gauche.*

Répéter le même mouvement *au trot et au galop*.

IIe SÉRIE.

I.—Rompre par la droite pour marcher vers la gauche.

L'escadron étant en bataille :

INDICATION. *Rompre par la droite pour marcher vers la gauche.*

EXPLICATION. 647. Au commandement 1. *Pelotons rompez par la droite=pour marcher vers la gauche*, le chef du...

Au commandement 2. MARCHE, répété par le...

Le chef du deuxième peloton et successivement ceux des...

EXÉCUTION. 1. *Pelotons rompez par la droite= pour marcher vers la gauche.*
2. MARCHE.

II.—A droite ordre inverse en bataille.

La colonne étant en marche, le capitaine commandant commande : *Guide à droite* (1).

Arrêter la colonne.

INDICATION. *A droite ordre inverse en bataille.*

EXPLICATION. 648. Le mouvement s'exécute comme il est...
Pendant la durée du mouvement...

EXÉCUTION. 1. *A droite ordre inverse en bataille.*
2. MARCHE.
3. HALTE.
4. *A gauche*=ALIGNEMENT.
5. FIXE.

L'escadron étant en bataille dans *l'ordre inverse* :

EXPLICATION. 733. Dans le demi-tour à gauche par peloton, l'escadron étant en bataille dans l'ordre inverse, le guide particulier de droite fait un à-gauche, se porte droit devant lui...
C'est l'inverse dans le demi-tour à droite.

EXÉCUTION. 1. *Pelotons demi-tour à gauche.*
2. MARCHE.
3. HALTE.

---

(1) Aussitôt après avoir changé le guide, le capitaine commandant passe par devant la tête de l'escadron du côté des nouveaux guides, et rectifie leur direction au commandement *Guide à droite*; le guide particulier de droite passe en serre-file derrière la 2ᵉ file de droite, et au commandement *A droite ordre inverse en bataille*, il se porte, en passant par la droite, sur la direction des guides.

Rompre l'escadron par la gauche pour marcher vers la droite.

La colonne marchant la gauche en tête, changer le guide.

Arrêter la colonne.

Former l'escadron *à gauche ordre inverse en bataille.*

Remettre l'escadron en bataille dans l'ordre naturel par les commandements :

> 1. *Pelotons demi-tour à droite.*
> 2. MARCHE.
> 3. HALTE.

Répéter ces mouvements *au trot* et ensuite *au galop.*

III. — Rompre en arrière par la droite pour marcher vers la gauche.

L'escadron étant en bataille .

INDICATION. *Rompre en arrière par la droite pour marcher vers la gauche.*

EXPLICATION. 653. Au commandement 1. *Pelotons rompez en arrière par la droite=pour marcher vers la gauche,* le chef du premier...

Au commandement 2. MARCHE , répété par...

Le chef du deuxième peloton et successivement ceux des...

EXÉCUTION. 1. *Pelotons rompez en arrière par la droite = pour marcher vers la gauche.*
2. MARCHE.

Arrêter la colonne.

IV.—Sur la droite en bataille (1).

INDICATION. *Sur la droite en bataille.*

EXPLICATION. 654. La colonne étant en marche, au commandement 1. *Sur la droite en bataille*, le chef du premier peloton...

Au commandement 2. MARCHE, il commande (à) DROITE...

Les autres pelotons continuent de marcher droit devant...

591. La formation s'exécutera de pied ferme, en la décomposant. Chaque peloton ne fera son mouvement que successivement, au commandement de son chef et à l'avertissement du capitaine commandant.

EXÉCUTION. Mettre en mouvement successivement chaque peloton par un simple avertissement pour le faire porter sur la ligne de bataille.

---

(1) La formation *sur la droite en bataille* exige une grande attention de la part des chefs de peloton.

Presque toujours ils font le commandement *Tournez* = (à) DROITE beaucoup trop tard; ils doivent faire leur commandement préparatoire *Tournez* assez à temps pour commander DROITE au moment précis où leur peloton arrive à hauteur de la 4ᵉ file de gauche du peloton qui les précède.

Plus l'allure est vive, plus les chefs de peloton doivent faire de bonne heure leur commandement préparatoire, parce que les pelotons parcourent plus de terrain dans l'intervalle qui s'écoule entre la première et la seconde partie du commandement.

Il arrive souvent que les pelotons tournent trop tard et sont alors obligés d'obliquer à droite pour prendre leur place de bataille. Cette faute est d'autant plus grave que le front est plus étendu.

Rompre en arrière par la droite pour marcher vers la gauche.

Faire exécuter la formation *sur la droite en bataille* la colonne étant en marche et sans décomposer :

EXÉCUTION. 1. *Sur la droite en bataille.*

      2. MARCHE.

      3. *Guide à droite.*

      4. FIXE.

V. — Sur la gauche ordre inverse en bataille.

Rompre l'escadron en arrière par la droite pour marcher vers la gauche et arrêter :

INDICATION. *Sur la gauche ordre inverse en bataille.*

EXPLICATION. 655. La colonne étant en marche, au commandement 1. *Sur la gauche ordre inverse en bataille*, le chef du premier...

Au commandement 2. MARCHE, il commande (à) GAUCHE...

Les autres pelotons continuent de marcher droit devant...

Porter la colonne en avant.

EXÉCUTION. 1. *Sur la gauche ordre inverse en bataille* (1).

      2. MARCHE.

      3. *Guide à gauche.*

      4. FIXE.

Remettre l'escadron dans *l'ordre naturel.*

Même travail, *la gauche en tête.*

Même travail, *la droite* et *la gauche en tête*, au *trot* et ensuite *au galop.*

____

(1) Sans décomposer.

VI.—Rompre par pelotons en avant de son front (1).

L'escadron étant en bataille :

INDICATION. *Rompre par pelotons en avant de son front.*

EXPLICATION. 659. Au commandement 1. *Par pelotons=rompez l'escadron,* le chef du premier peloton commande...

Au commandement 2. MARCHE, repété par ces mêmes...

Chacun des autres chefs de peloton...

EXÉCUTION. 1. *Par pelotons=rompez l'escadron.*
2. MARCHE,
3. *Guide à gauche.*

Arrêter la colonne.

---

(1) La rupture de l'escadron *par pelotons en avant de son front* est un mouvement mathématiquement défectueux et qui ne peut s'exécuter régulièrement.

D'après les calculs de la figure mathématique qui représente ce mouvement, on déduit cette conclusion : que pour que cette rupture s'exécute le plus correctement possible, il faut :

1° Que le 1er peloton rompe bien droit devant lui à une allure franche et bien égale ;

2° Que le 2e peloton *allonge* un peu son allure en exécutant son demi-à-droite (*de $\frac{1}{7}$ environ*) ;

3° Que les 3e et 4e pelotons *ralentissent* un peu leur allure en exécutant leur demi-à-droite (*le 3e peloton de $\frac{1}{10}$ environ et le 4e peloton de $\frac{1}{6}$ environ*).

Comme on le voit, ce mouvement exige des tâtonnements qui en rendent l'exécution défectueuse; il serait préférable de le remplacer par le mouvement *Pelotons à droite, 1er peloton en avant,* qui remplit le même objet, avec cette différence qu'il est régulier, et peut être employé plus tard dans les évolutions avec avantage.

8.

VII. — En avant en bataille.

INDICATION. *En avant en bataille.*

EXPLICATION. 660. Au commandement 1. *En avant en bataille,* le chef du premier...

Au commandement 2. MARCHE, répété par ces mêmes...

Chacun des autres chefs de peloton...

La formation s'exécutera de pied ferme en la décomposant. Chaque peloton ne fera son mouvement que successivement au commandement de son chef et à l'avertissement du capitaine commandant.

EXÉCUTION. Mettre en mouvement successivement chaque peloton, par un simple avertissement, pour le faire porter sur la ligne de bataille (1).

Rompre par pelotons en avant de son front, faire exécuter la formation *en avant en bataille,* la colonne étant de pied ferme, sans décomposer :

EXÉCUTION. 1. *En avant en bataille.*
           2. MARCHE.
           3. *Guide à droite.*
           4. FIXE.

Rompre par pelotons en avant de son front.
Arrêter la colonne.

INDICATION. *En avant en bataille.*

---

(1) Il est de principe, dans toutes les formations, de forcer plutôt un peu plus le degré d'obliquité qu'un peu moins ; le mouvement se fait plus régulièrement et les pelotons arrivent plus carrément sur la ligne.

EXPLICATION. 661. La formation *en avant en ba-taille* s'exécute de même, la colonne *étant en marche*; dans ce cas...

Porter la colonne en avant.

EXÉCUTION. 1. *En avant en bataille.*

        2. MARCHE.

        3. *Guide à droite.*

        4. FIXE.

Même travail, *la gauche en tête,* sans décomposer.

Même travail, *la droite et la gauche* en tête, *au trot,* et ensuite *au galop* (1).

VIII. — Rompre par pelotons à droite et se porter en avant après la conversion.

INDICATION. 1. *Rompre par pelotons à droite et se porter en avant après la conversion.*

EXPLICATION. 664. Au commandement 1. *Pelotons à droite,* la file de gauche de...

    Au commandement 2. MARCHE, chaque peloton...

    Au commandement 3. *En*=AVANT, les pelotons...

EXÉCUTION. 1. *Pelotons à droite.*

        2. MARCHE.

        3. *En*=AVANT.

        4. *Guide à gauche.*

Arrêter la colonne.

---

(1) Les formations *en avant en bataille,* ordre inverse ou ordre naturel, s'exécutent à toutes les allures de pied ferme ; elles s'exécutent également en indiquant une nouvelle allure quand la colonne est en marche.

Le capitaine commandant les fait exécuter de cette manière quand il le juge à propos.

IX. — En avant ordre inverse en bataille.

L'escadron étant en colonne avec distance, la droite en tête :

INDICATION. *En avant ordre inverse en bataille.*

EXPLICATION. 665. Au commandement 1. *En avant ordre inverse en bataille*, le chef du premier peloton...

Au commandement 2. MARCHE, répété par ces...

EXÉCUTION. 1. *En avant ordre inverse en bataille* (1).
2. MARCHE.
3. *Guide à gauche.*
4. FIXE.

Remettre l'escadron dans *l'ordre naturel*.

Faire rompre par pelotons à droite, et se porter en avant après la conversion.

Former l'escadron *en avant, ordre inverse en bataille*, la colonne étant en marche.

Même travail, *la gauche en tête*.

Même travail, *la droite* et *la gauche* en tête, *au trot*, et ensuite *au galop*.

____

(1) Sans décomposer.

III° SÉRIE.

I.—Rompre par pelotons à droite, tête de colonne à gauche ou demi-à-gauche.

L'escadron étant en bataille :

INDICATION. *Rompre par pelotons à droite, tête de colonne à gauche ou demi-à-gauche.*

EXPLICATION. 668. Aux commandements : 1. *Pelotons à droite—tête de colonne à gauche,*
2. MARCHE, chaque peloton...
 Au commandement 3, *En*—AVANT, le chef du premier...

EXÉCUTION. 1. *Pelotons à droite—tête de colonne à gauche.*
 2. MARCHE.
 3. *En*—AVANT (1).
 4. *Guide à gauche.*
Arrêter la colonne.

II.—Sur la queue de la colonne face en arrière en bataille.

L'escadron étant en colonne avec distance, la droite en tête :

INDICATION. *Sur la queue de la colonne face en arrière en bataille.*

____

(1) Le capitaine commandant commande *En* — AVANT, au moment où les conversions sont près de finir, et donne un point de direction.

EXPLICATION. 669. Aux commandements : 1. *Pelotons demi-tour à gauche*, 2. MARCHE, chaque peloton...

Aux commandements : 3. *En avant en bataille*, 4. MARCHE, le chef du 4ᵉ peloton qui...

Les chefs des autres pelotons...

EXÉCUTION. 1. *Pelotons demi-tour à gauche* (1).
2. MARCHE.
3. *En avant en bataille* (2).
4. MARCHE.
5. *Guide à gauche.*
6. FIXE.

Rompre l'escadron *par pelotons à droite tête de colonne à gauche.*

Former l'escadron *sur la queue de la colonne face en arrière*, la colonne étant en marche.

Rompre l'escadron *par pelotons à gauche, tête de colonne à droite.*

Former l'escadron *sur la queue de la colonne face en arrière en bataille* de pied ferme et en marche, la colonne *ayant la gauche en tête.*

Même travail *au trot* et ensuite *au galop*, la droite et la gauche en tête.

---

(1) Le principe est de commander toujours le demi-tour du côté du guide quand on veut se former dans l'ordre naturel, et du côté opposé au guide quand on veut se former dans l'ordre inverse.

(2) Il est nécessaire que le capitaine commandant fasse assez à temps le commandement *En avant en bataille*, pour pouvoir commander MARCHE et *Guide à gauche*, lorsque les pelotons sont aux trois quarts de leur conversion, et plutôt même un peu avant.

Cette prescription est encore plus importante lorsque la formation s'exécute à une allure vive.

III. — Sur la queue de la colonne face en arrière ordre inverse en bataille.

L'escadron étant en colonne avec distance, la droite en tête :

INDICATION. *Sur la queue de la colonne face en arrière ordre inverse en bataille.*

EXPLICATION. 670. Aux commandements : 1. *Pelotons demi-tour à droite,* 2. MARCHE, chaque peloton...

Aux commandements : 1. *En avant ordre inverse en bataille,* 2. MARCHE, le chef du...

EXÉCUTION. 1. *Pelotons demi-tour à droite.*
    2. MARCHE.
    3. *En avant ordre inverse en bataille.*
    4. MARCHE.
    5. *Guide à droite.*
    6. FIXE.

Exécuter cette formation, la colonne étant en marche.
Rompre par la gauche.
Exécuter de pied ferme et en marche, cette formation *ayant la gauche en tête.*
Même travail *au trot* et ensuite *au galop,* la droite ou la gauche en tête.

IV. — Rompre par pelotons à droite, tête de colonne à droite ou demi-à-droite.

L'escadron étant en bataille :

INDICATION. *Rompre par pelotons à droite, tête de colonne à droite ou demi-à-droite.*

EXPLICATION. 674. Aux commandements : 1. *Pelotons à droite = tête de colonne à droite*, 2. MARCHE, chaque peloton...

Au commandement 3. *En=*AVANT, le chef du...

EXÉCUTION. 1. *Pelotons à droite=tête de colonne à droite.*

2. MARCHE.

3. *En=*AVANT.

4. *Guide à gauche.*

Arrêter la colonne.

V.—Sur la tête de la colonne face en arrière en bataille.

L'escadron étant en colonne avec distance, la droite en tête ;

INDICATION. *Sur la tête de la colonne face en arrière en bataille.*

EXPLICATION. 675. Le mouvement s'exécute comme il est prescrit...

EXÉCUTION. 1. *En avant ordre inverse en bataille.*

2. MARCHE.

3. *Guide à gauche* (1).

L'escadron étant formé :

4. *Pelotons demi-tour à gauche* (2).

---

(1) Le capitaine commandant ne fait pas de commandement FIXE dans la formation en avant ordre inverse en bataille, qui compose la première partie de ce mouvement.

(2) Après la formation en bataille, le principe est de faire exécuter toujours le demi-tour par pelotons du côté du guide qui a servi à la formation en bataille.

5. MARCHE.
6. HALTE.
7. *A droite*=ALIGNEMENT.
8. FIXE.

Rompre l'escadron *par pelotons à droite tête de colonne à droite.*

Former l'escadron *sur la tête de la colonne face en arrière en bataille*, la colonne étant en marche.

Rompre l'escadron *par pelotons à gauche, tête de colonne à gauche.*

Former l'escadron *sur la tête de la colonne face en arrière en bataille* de pied ferme et en marche, la colonne ayant *la gauche en tête.*

Même travail *au trot* et ensuite *au galop*, la droite et la gauche en tête (1).

VI.—Sur la tête de la colonne face en arrière ordre inverse en bataille.

L'escadron étant en colonne avec distance la droite en tête :

INDICATION. *Sur la tête de la colonne face en arrière ordre inverse en bataille.*

EXPLICATION. 676. Le mouvement s'exécute comme il est prescrit...

---

(1) Quand on exécute les formations en bataille *sur la tête de la colonne face en arrière* aux allures vives, le *demi-tour par pelotons* qui suit la formation doit toujours se faire à l'allure à laquelle la formation s'est exécutée, aux commandements :

1. *Pelotons demi-tour à gauche* (ou *à droite*) *au trot* (ou *au galop*).

EXÉCUTION. 1. *En avant en bataille.*
2. MARCHE.
3. *Guide à droite.*

L'escadron étant formé :

4. *Pelotons demi-tour à droite.*
5. MARCHE.
6. HALTE.
7. *A gauche*=ALIGNEMENT.
8. FIXE.

Exécuter cette formation la colonne étant en marche.
Rompre par la gauche.
Exécuter de pied ferme et en marche cette formation, la colonne ayant *la gauche en tête.*
Même travail *au trot* et ensuite *au galop*, la droite ou la gauche en tête (1).

VII. — Mouvements par quatre, l'escadron étant en colonne avec distance.

L'escadron étant en colonne avec distance, la droite en tête :

INDICATION. *Mouvements par quatre, l'escadron étant en colonne avec distance.*

EXPLICATION. 680. Aux commandements : 1. *A gauche par quatre*, 2. MARCHE, 3. *En*= AVANT, 4. *Guide à droite*, les conversions...

---

(1) Les formations *sur la queue et sur la tête de la colonne face en arrière*, ordre naturel ou ordre inverse, s'exécutent à toutes les allures de pied ferme ; elles s'exécutent également en indiquant une nouvelle allure quand la colonne est en marche.
Le capitaine commandant les fait exécuter de cette manière quand il le juge à propos.

683. Dans tous les mouvemeuts *d'à-gauche* et *d'à-droite par quatre,* les chefs de peloton se portent à hauteur du premier rang de leur peloton du côté du guide.

Le capitaine en second, les serre-files et les guides particuliers...

EXÉCUTION. 1. *A gauche par quatre.*
    2. MARCHE.
    3. *En* = AVANT.
    4. *Guide à droite.*

L'escadron marchant par le flanc :

EXPLICATION. Aux commandements : 1. *A droite par quatre,* 2. MARCHE, 3. HALTE, le mouvement s'exécute suivant les mêmes principes que *l'à-gauche par quatre* et par les moyens inverses.

EXÉCUTION. 1. *A droite par quatre.*
    2. MARCHE.
    3. HALTE.

Faire gagner du terrain vers le flanc *droit* de la même manière sans explication.

Rompre l'escadron en colonne avec distance *la gauche en tête.*

Répéter ce travail, la colonne ayant *la gauche en tête.*

Même travail, la droite ou la gauche en tête *au trot.*

L'escadron étant en colonne avec distance, la droite en tête :

INDICATION. *Mouvements par quatre. l'escadron étant en colonne avec distance.*

EXPLICATION. 682. Aux commandements: 1. *Demi-tour à gauche par quatre,* 2. MARCHE, 3. *En* = AVANT, 4. *Guide à droite,* le mouvement s'exécute dans...

683. Dans les *demi-tours à gauche* ou *demi-tours à droite par quatre*, les chefs de peloton marchent...

EXÉCUTION. 1. *Demi-tour à gauche par quatre.*
2. MARCHE.
3. *En*=AVANT.
4. *Guide à droite.*

L'escadron marchant en arrière :

EXPLICATION. 682. Aux commandements : 1. *Demi-tour à droite par quatre*, 2. MARCHE, 3. HALTE, le mouvement s'exécute...

EXÉCUTION. 1. *Demi-tour à droite par quatre.*
2. MARCHE.
3. HALTE.

Rompre l'escadron en colonne avec distance *la gauche en tête*.

Faire rétrograder par un *demi-tour à droite par quatre*.

Même travail, la droite et la gauche en tête *au trot* (1).

-----

(1) Les mouvements par quatre s'exécutent de même, la colonne étant en marche *au pas* et *au trot*.

Ces mouvements ne s'exécutent jamais au galop.

ARTICLE III.

En instruction, l'article III de l'*Ecole de l'escadron à cheval* peut être divisé en trois séries de mouvements.

La première série comprend :

 I.—Marches à files d'encadrement.
 II.—Contre-marche.
 III.—Marche de l'escadron en bataille.

La deuxième série comprend :

 I.—Conversions à pivot fixe.
 II.—A droite, à gauche, demi-tour à droite, demi-tour à gauche, demi-à-droite et demi-à-gauche.
 III.—Conversions à pivot mouvant.
 IV.—Marche oblique individuelle.
 V.—Marche oblique par troupe.
 VI.—Mouvements par quatre.

La troisième série comprend :

 I.—L'escadron marchant en bataille, le rompre par pelotons à droite et le remettre en ligne.
 II.—L'escadron marchant en bataille, le faire marcher en arrière par un demi-tour par pelotons.
 III.—L'escadron marchant en bataille, le rompre en avant par pelotons et le reformer.

IV.—L'escadron marchant en bataille,
le rompre en avant par pelotons, en doublant l'allure, et le
reformer.

V.—Passage d'obstacles.

Ire SÉRIE.

I. — Marche à files d'encadrement.

L'escadron étant bataille :

EXPLICATION. 692. Aux commandements : 1. *Files
d'encadrement en avant,* 2. *Guide à droite,*
le guide particulier de droite se...

Au commandement 2. MARCHE, les chefs
de peloton, les files...

Aux commandements : 3. *Files d'encadrement,* 4. HALTE, les chefs de...

EXÉCUTION. 1. *Files d'encadrement en avant.*
2. *Guide à droite.*
3. MARCHE.

Lorsque les files d'encadrement ont marché
30 pas :
3. *Files d'encadrement.*
4. HALTE.

EXPLICATION. 692. Aux commandements : 1. *Escadron en avant,* 2. *Guide à droite,* 3. MAR-
CHE, les files d'encadrement et l'escadron se
portent en avant.

688. Le guide particulier qui marche à hauteur
des officiers...

Ce guide, à mesure qu'il avance, doit prendre de
nouveaux...

689. Le serre-file qui a remplacé le guide particulier à l'aile de l'escadron...

EXÉCUTION. 1. *Escadron en avant.*
  2. *Guide à droite.*
  3. MARCHE.

L'escadron marchant ainsi en bataille avec les files d'encadrement :

EXPLICATION. 693. Aux commandements : 1, *Escadron*, 2. HALTE, l'escadron et...

EXÉCUTION. 1. *Escadron.*
  2. HALTE.

EXPLICATION. 694. Aux commandements : 1. *Escadron en avant*, 2. MARCHE, l'escadron seul se portera en avant et les files d'encadrement ne bougeront pas.

  Aux commandements : 3. *Escadron*, 4. HALTE, les cavaliers s'arrêtent.

  Au commandement 5. *A droite*=ALIGNEMENT, le guide particulier et le...

EXÉCUTION. 1. *Escadron en avant.*
  2. MARCHE.

  A un pas des files d'encadrement :

  3. *Escadron.*
  4. HALTE.
  5. *A droite*=ALIGNEMENT.
  6. FIXE.

II. — Contre-marche.

L'escadron étant en bataille :

INDICATION. *Contre-marche.*

EXPLICATON. 700. Aux commandements : 1. *Contre-marche par l'aile droite*, 2. *Par file à droite*, les chefs de peloton...

Le guide particulier de droite de l'escadron va se placer...

Le guide principal de droite se place à la droite de l'escadron, faisant face à droite, la croupe de son cheval à un pas et à hauteur des hanches des chevaux du deuxième rang, pour marquer le point de la conversion (1).

EXÉCUTION. 1. *Contre-marche par l'aile droite.*
2. *Par file à droite.*

EXPLICATION. 700. Au commandement 3. MARCHE, le mouvement s'exécute...

Les serre-files suivent le mouvement, et...

Aux commandements : 4. FRONT, 5. HALTE, et 6. *A droite*=ALIGNEMENT, le capitaine en second...

Au commandement 7. FIXE, les chefs de peloton se...

EXÉCUTION. 3. MARCHE.

Lorsque la 1re file est à 2 pas du guide particulier :

4. FRONT.
5. HALTE.
6. *A droite* = ALIGNEMENT.
7. FIXE.

---

(1) Cette dernière partie de l'explication a été évidemment omise dans l'ordonnance par erreur, car il est plus indispensable encore dans l'escadron que dans le peloton de marquer le point de la conversion.

Faire exécuter la marche à files d'encadrement avec *le guide à gauche*.

Contre-marche *par l'aile gauche*.

Répéter la marche à files d'encadrement *au trot* avec le guide *à droite* et le guide *à gauche* successivement (1).

Contre-marche *par l'aile droite* et *par l'aile gauche au trot*.

III.—Marche de l'escadron en bataille.

L'escadron étant en bataille :

INDICATION. *Marche de l'escadron en bataille.*

EXPLICATION. 697. Aux commandements : 1. *Escadron en avant*, 2.*Guide à droite*, le guide particulier et le...

Au commandement 3. MARCHE, l'escadron se met...

687. Les officiers doivent rester constamment alignés sur le guide particulier.

Le capitaine en second donne le point de direction.

EXÉCUTION. 1. *Escadron en avant.*
　　　　　　 2. *Guide à droite.*
　　　　　　 3. MARCHE.

L'escadron marchant en bataille :

EXPLICATION. 698. Aux commandements : 1.*Escadron*, 2. HALTE, l'escadron s'arrête.

Au commandement 3. *A droite* = ALIGNEMENT, il s'aligne.

---

(1) On fait toujours sortir les files d'encadrement des rangs et on fait rentrer l'escadron dans les files d'encadrement à l'allure *du pas*.

EXÉCUTION. 1. *Escadron.*
        2. HALTE.
        3. *A droite* = ALIGNEMENT.
        4. FIXE.

Marcher en bataille avec *le guide à gauche.*

Marchant en bataille avec le guide *à droite* ou le guide *à gauche,* passer successivement *du pas au trot, et du trot au galop,* puis *du galop au trot et du trot au pas.*

Marcher en bataille en partant de pied ferme *au trot* et *au galop* et arrêter l'escadron marchant à ces allures.

IIe SÉRIE.

I. — Conversions à pivot fixe.

L'escadron étant en bataille :

INDICATION. *Des conversions.*

EXPLICATION. 703. Pendant les conversions, les chefs
    de peloton se maintiennent...
        Le chef du peloton sur lequel on converse se
règle...
        Le chef du peloton de l'aile marchante décrit son
cercle...
        Les encadrements se règlent entre eux...

        704. Le guide particulier placé à l'aile sur la-
quelle...
        Dans toute espèce de conversion, l'aile marchante
d'un escadron doit...

INDICATION. *Conversions à pivot fixe.*

EXPLICATION. 705. Aux commandements : 1. *Escadron en cercle à droite,* 2. MARCHE, le mouvement s'exécute...

EXÉCUTION. 1. *Escadron en cercle à droite.*
        2. MARCHE.

L'escadron conversant en cercle à droite :

EXPLICATION. 706. Au commandement 1. *Escadron*, les cavaliers du deuxième rang….

Au commandement 2. HALTE, tous les cavaliers…

Au commandement 3. *A gauche* = ALIGNEMENT, tous les cavaliers s'alignent….

EXÉCUTION. 1. *Escadron.*
2. HALTE.
3. *A gauche*=ALIGNEMENT.
4. FIXE.

Mettre l'escadron *en cercle à gauche* et arrêter.

EXPLICATION. 707. L'escadron conversant *en cercle à droite*, à la première partie du commandement 1. *En*=AVANT, qui est *en*, les cavaliers…

A la dernière partie du même commandement, qui est AVANT, tout…

Mettre l'escadron *en cercle à droite.*

EXÉCUTION. 1. *En* = AVANT.
2. *Guide à gauche.*

Arrêter l'escadron.

EXPLICATION. L'escadron marchant en bataille, au commandement *Escadron en cercle à droite* (ou *à gauche*), le guide particulier qui marche à hauteur des officiers et le serre-file qui l'a remplacé au premier rang reprennent leurs places de bataille.

Porter l'escadron en avant.

EXÉCUTION. 1. *Escadron en cercle à droite.*
2. MARCHE.

Reprendre la marche directe.

Mettre l'escadron *en cercle à gauche* et arrêter.

Mettre l'escadron *en cercle à droite* et le faire passer *au trot;* après un tour ou deux, le faire passer *au pas* et arrêter.

Mettre l'escadron *en cercle à gauche* et le faire passer *au trot;* après un tour ou deux, le faire passer *au pas* et arrêter.

Mettre l'escadron *en cercle à droite*, le faire passer *au trot* et le porter en avant.

Mettre l'escadron *en cercle à gauche*, étant *au trot* et le reporter en avant.

Même travail *au galop.*

L'escadron étant en bataille :

EXPLICATION. 710. L'escadron conversant *en cercle à droite*, aux commandements : 1. *Escadron en cercle à gauche*, 2. MARCHE, le mouvement s'exécute...

Mettre l'escadron *en cercle à droite.*

EXÉCUTION. 1. *Escadron en cercle à gauche.*
2. MARCHE.

L'escadron conversant *en cercle à gauche*, le mettre *en cercle à droite* et arrêter.

Mettre l'escadron *en cercle à droite*, le faire passer *au trot*, changer le côté de la conversion, l'escadron conversant à cette allure.

Arrêter l'escadron.

Mettre l'escadron *en cercle à droite* ou *à gauche au trot* et *au galop* en partant *de pied ferme*, et arrêter en conversant à ces allures (1).

---

(1) Les changements de conversions aux deux mains ne 'exécutent qu'*au pas* et *au trot*, et jamais *au galop.*

II.—A'droite, à gauche, demi-tour à droite, demi-tour à gauche, demi-à-droite et demi-à-gauche.

L'escadron étant en bataille :

EXPLICATION. 712. Aux commandements : 1. *Escadron à droite* (ou *à gauche*) *demi-tour à droite* (ou *demi-tour à gauche*) *demi-à-droite* (ou *demi-à-gauche*), 2. MARCHE, 3. *Escadron*, 4. HALTE, 5. *A gauche* (ou *à droite*)=ALIGNEMENT, 6. FIXE, le mouvement s'exécute...

EXÉCUTION. 1. *Escadron à droite.*
   2. MARCHE.
   3. *Escadron.*
   4. HALTE.
   5. *A gauche* = ALIGNEMENT.
   6. FIXE.

Exécuter successivement *les demi-tours* et *les demi-à-droite* ou *à gauche.*

Exécuter ces mouvements en partant *de pied ferme au trot* et *au galop* et en arrêtant à ces allures.

L'escadron étant en bataille :

EXPLICATION. 713. L'escadron étant en marche, aux commandements : 1. *Escadron à droite* (ou *à gauche*) *demi-tour à droite* (ou *à gauche*) *demi-à-droite* (ou *à gauche*), 2. MARCHE, 3. *En*=AVANT, 4. *Guide à gauche* (ou *guide à droite*), le mouvement...

Porter l'escadron en avant.

EXÉCUTION. 1. *Escadron à droite.*
   2. MARCHE.
   3. *En*=AVANT.
   4. *Guide à gauche.*

Exécuter successivement *les demi-tours* et *les demi-à-droite ou à gauche*.

Mêmes mouvements, l'escadron marchant *au trot et au galop*.

Mêmes mouvements en indiquant une nouvelle allure.

III.—Conversions à pivot mouvant.

L'escadron étant en bataille :

INDICATION. *Conversions à pivot mouvant.*

EXPLICATION. 715. Dans les conversions à pivot mouvant, le pivot doit décrire un arc de...

Après une conversion à pivot mouvant, le guide reste où il était avant la conversion

716. L'escadron marchant en bataille, aux commandements : 1. *Tournez*=(*à*) DROITE, 2. *En*=AVANT, le mouvement...

Le guide particulier reste sur l'alignement des officiers pendant la conversion.

Porter l'escadron en avant.

EXÉCUTION. 1. *Tournez* = (*à*) DROITE.
         2. *En*=AVANT.

Faire converser l'escadron *à gauche*.

Faire converser *à droite* et *à gauche*, l'escadron marchant *au trot* (1).

____

(1) On ne fait jamais converser à pivot mouvant, l'escadron marchant *au galop*.

IV.—Marche oblique individuelle.

L'escadron étant en bataille :

INDICATION. *Marche oblique individuelle.*

EXPLICATION. 717. L'escadron marchant en bataille, aux commandements : 1. *Oblique à droite*, 2. MARCHE, le mouvement...

719. Pendant toute la durée de la marche oblique, les chefs de peloton se maintiennent à la...
Le guide particulier qui marche à...

Porter l'escadron en avant.

EXÉCUTION. 1. *Oblique à droite.*
          2. MARCHE.

Faire exécuter l'*oblique à gauche.*
Même travail *au trot* (1).

V. — Marche oblique par troupe.

L'escadron étant en bataille :

INDICATION. *Marche oblique par troupe.*

EXPLICATION. 720. Aux commandements : 1. *Pelotons demi-à-droite*, 2. MARCHE, chaque...
Au commandement 3. *En=*AVANT, chaque peloton se...

621. Pendant la durée de cette marche, le guide de droite...
Les guides des autres pelotons observent...

---

(1) L'oblique individuel en marchant par escadron ne s'exécute qu'*au pas* et *au trot*, mais jamais *au galop.*

Le capitaine en second se place derrière...
Les chefs de peloton au centre...
Les guides particuliers et...

EXÉCUTION. 1. *Pelotons demi-à-droite.*
2. MARCHE.
3. *En*=AVANT.
4. *Guide à droite.*

L'escadron marchant dans la direction oblique :

EXPLICATION. 720. Aux commandements : 1. *Pelotons demi-à-gauche,* 2. MARCHE, 5. *En*=AVANT, 4. *Guide à droite,* le mouvement s'exécute comme il vient d'être prescrit pour le *demi-à-droite* et par les moyens inverses.

EXÉCUTION. 1. *Pelotons demi-à-gauche.*
2. MARCHE.
3. *En*=AVANT.
4. *Guide à droite.*

Arrêter l'escadron.

Exécuter la marche oblique par troupe *à gauche.*

Arrêter l'escadron.

EXPLICATION. 722. Quand la marche oblique par troupe s'exécute, l'escadron étant en marche, le guide particulier qui...

Porter l'escadron en avant.

EXÉCUTION. 1. *Pelotons demi-à-droite.*
2. MARCHE.
3. *En*=AVANT.
4. *Guide à droite.*

Reprendre la direction primitive.

Marche oblique par troupe *à gauche,* l'escadron étant en marche.

Même travail *au trot* et *au galop* de pied ferme et en marche.

VI. — Mouvements par quatre.

L'escadron étant en bataille :

INDICATION. *Mouvements par quatre.*

EXPLICATION. 724. Les mouvements par quatre s'exécutent comme il est prescrit à l'*École du peloton*. Les chefs de...
    Le guide particulier de droite marche en tête de...

EXÉCUTION. 1. *A droite par quatre.*
        2. MARCHE.
        3. *En*=AVANT
        4. *Guide à gauche.*

L'escadron ayant fait *à droite par quatre* et se trouvant marcher en colonne :

EXPLICATION. 725. Au commandement *Tête de colonne à gauche,* le chef du 1ᵉʳ peloton commande : 1. *Tournez*=(à) GAUCHE, 2. *En* =AVANT, ce qui s'exécute comme il est prescrit à l'*École du peloton à cheval.*

EXÉCUTION. *Tête de colonne à gauche.*

Faire exécuter le changement de direction *à droite.*

La colonne étant en marche :

EXPLICATION. 726. Aux commandements : 1. *A gauche par quatre,* 2. MARCHE, 3. HALTE, 4. *A droite*=ALIGNEMENT, 5. FIXE, le mouvement s'exécute...

EXÉCUTION. 1. *A gauche par quatre.*
        2. MARCHE.
        3. HALTE.

    4. *A droite*=ALIGNEMENT.
    5. FIXE.

Même travail *par la gauche*.

L'escadron étant en bataille :

INDICATION. *L'escadron étant en bataille, lui faire gagner du terrain en arrière et le remettre face en tête.*

EXPLICATION. 728. Le mouvement s'exécute comme...

    Le chefs de peloton, les serre–files et les guides...

    Au commandement 4. *Guide à gauche*, le serre-file...

EXÉCUTION. 1. *Demi–tour à droite par quatre.*
    2. MARCHE.
    3. *En*=AVANT.
    4. *Guide à gauche.*

Pour remettre l'escadron face en tête :

    1. *Demi–tour à droite par quatre.*
    2. MARCHE.
    3. HALTE.
    4. *A gauche*=ALIGNEMENT.
    5. FIXE.

Même travail *par la gauche*.

Même travail de pied ferme ou en marche *au pas et au trot* (1).

---

(1) Les mouvements par quatre ne s'exécutent jamais *au galop*.

IIIe SÉRIE.

I.—L'escadron marchant en bataille, le rompre par pelotons à droite et le remettre en ligne.

L'escadron étant en bataille :

INDICATION. *L'escadron marchant en bataille, le rompre par pelotons à droite et le remettre en ligne.*

EXPLICATION. 729. Le mouvement s'exécute comme il est prescrit pour rompre l'escadron par pelotons à droite, les pivots...

Porter l'escadron en avant.

EXÉCUTION. 1. *Pelotons à droite.*
      2. MARCHE.
      3. *En*=AVANT.
      4. *Guide à gauche.*

La colonne étant en marche :

EXPLICATION. 729. Aux commandements : 1. *Pelotons à gauche*, 2. MARCHE, 3. *En*=AVANT, 4. *Guide à droite*, les ailes marchantes...

Le capitaine en second donne un point de direction...

EXÉCUTION. 1. *Pelotons à gauche.*
      2. MARCHE.
      3. *En* = AVANT.
      4. *Guide à droite.*

Même travail *par la gauche.*
Même travail *au trot et au galop.*

II.—L'escadron marchant en bataille, le faire marcher en arrière par un demi-tour par pelotons.

L'escadron étant en bataille :

INDICATION. *L'escadron marchant en bataille, le faire marcher en arrière par un demi-tour par pelotons.*

EXPLICATION. 731. Aux commandements : 1. *Pelotons demi-tour à droite,* 2. MARCHE, les pivots arrêtent...

Au commandement 3. *En* = AVANT, l'escadron reprend...

Au commandement 4. *Guide à gauche,* le guide...

733. Dans ce mouvement, le guide particulier de droite...

C'est l'inverse dans le demi-tour à gauche.

Porter l'escadron en avant.

EXÉCUTION. 1. *Pelotons demi-tour à droite.*
      2. MARCHE.
      3. *En*=AVANT.
      4. *Guide à gauche.*

Remettre l'escadron face en tête par *un demi-tour à droite,* l'arrêter et l'aligner.

Porter l'escadron en avant et exécuter le même mouvement *à gauche.*

Même travail, l'escadron marchant *au trot* et *au galop.*

Même travail en partant *de pied ferme* successivement aux trois allures.

III. — L'escadron marchant en bataille, le rompre en avant par pelotons et le reformer.

L'escadron étant en bataille :

INDICATION. *L'escadron marchant en bataille, le rompre en avant par pelotons et le reformer.*

EXPLICATION. 734. Le mouvement s'exécute comme il est prescrit de pied ferme, à l'exception que...

Porter l'escadron en avant.

EXÉCUTION. 1. *Par pelotons=rompez l'escadron.*
        2. MARCHE.
        3. *Guide à gauche.*

Arrêter la colonne.

EXPLICATION. 735. La colonne étant en marche, aux commandements : 1. *Formez l'escadron,* 2. MARCHE, 3. *Guide à droite,* le mouvement...

Porter la colonne en avant.

EXÉCUTION. 1. *Formez l'escadron.*
        2. MARCHE.
        3. *Guide à droite.*

L'escadron marchant en bataille, le rompre *par la gauche* et le reformer.

Rompre en avant par pelotons, l'escadron marchant *au trot.*

Arrêter 'a colonne.

EXPLICATION. 736. La colonne marchant *au trot,* pour former l'escadron, on se conforme aux mêmes principes qu'en marchant *au pas*, excepté que le...

Porter la colonne en avant *au trot*.

EXÉCUTION. 1. *Formez l'escadron.*
2. MARCHE.
3. *Guide à droite.*

Rompre en avant par pelotons *par la gauche*, l'escadron marchant *au trot*, et le reformer.

Rompre en avant par pelotons, l'escadron marchant *au galop*.

Arrêter la colonne.

EXPLICATION. 736. Lorsque la colonne est *au galop*, on forme l'escadron suivant les mêmes principes qu'en marchant *au trot*, chaque peloton passant successivement *au trot* en arrivant en ligne.

Porter la colonne en avant *au galop*.

EXÉCUTION. 1. *Formez l'escadron.*
2. MARCHE.
3. *Guide à droite.*

Rompre en avant par pelotons *par la gauche*, l'escadron marchant *au galop*, et le reformer.

Arrêter l'escadron.

IV. — L'escadron marchant en bataille, le rompre en avant par pelotons en doublant l'allure, et le reformer.

L'escadron étant en bataille :

INDICATION. *L'escadron marchant en bataille, le rompre en avant par pelotons en doublant l'allure, et le reformer.*

EXPLICATION. 738. Au commandement 1. *Par
pelotons = rompez l'escadron = au trot*, le
chef du 1er peloton...

Au commandement 2. MARCHE, répété...

Porter l'escadron en avant.

EXÉCUTION. 1. *Par pelotons = rompez l'escadron
= au trot*

2. MARCHE.

3. *Guide à gauche.*

Arrêter la colonne.

EXPLICATION. 739. La colonne étant en marche,
au commandement 1. *Formez l'escadron =
au trot*, les chefs des...

Au commandement 2. MARCHE, répété...

Les trois autres pelotons...

Le demi-à-gauche presque terminé...

Chaque peloton, après son...

Porter la colonne en avant.

EXÉCUTION. 1. *Formez l'escadron au trot.*

2. MARCHE.

3. *Guide à droite.*

Rompre l'escadron *par la gauche* et le reformer ; l'escadron marchant *au trot*, le rompre par la droite *au galop*.

Arrêter la colonne.

EXPLICATION. 740. Pour former l'escadron, la
colonne marchant *au trot*, le mouvement
s'exécute aux commandements...

Porter la colonne en avant *au trot*.

EXÉCUTION. 1. *Formez l'escadron=au galop.*

2. MARCHE.

3. *Guide à droite.*

L'escadron marchant *au trot*, le rompre *par la gauche
au galop*, et le reformer.

Arrêter l'escadron.

V. — Passage d'obstacles.

L'escadron étant en bataille :

INDICATION. *Passage d'obstacles.*

EXPLICATION. 742. L'escadron marchant en bataille, aux commandements : 1. *Obstacle*, 2. *Premier peloton*, 3. HALTE, le commandement HALTE est répété par le chef du premier peloton; ce peloton arrête, et son...
Lorsque le peloton qui a obliqué est...

Porter l'escadron en avant.

EXÉCUTION. 1. *Obstacle.*
      2. *Premier peloton.*
      3. HALTE.

Arrêter l'escadron.

EXPLICATION. 742. L'escadron étant en marche, aux commandements : 1. *Premier peloton*, 2. EN LIGNE, le chef du premier...
Le chef du peloton a l'attention...

Porter l'escadron en avant.

EXÉCUTION. 1. *Premier peloton.*
      2. EN LIGNE.

Arrêter l'escadron.

EXPLICATION. 743. Pour les passages d'obstacles, le deuxième peloton se conforme aux mêmes principes que le premier, et se met en colonne derrière le premier peloton en obliquant à droite; le troisième se met derrière le quatrième en obliquant à gauche, et le quatrième se place derrière le troisième en obliquant à droite, chaque peloton devant toujours doubler sur celui avec lequel il forme division.

Porter l'escadron en avant.

EXÉCUTION. 1. *Obstacle.*

2. *Deuxième peloton.*

3. HALTE.

Et ensuite :

5. *Deuxième peloton.*

6. EN LIGNE.

Faire exécuter successivement les différents passages d'obstacles.

Arrêter l'escadron.

EXPLICATION. 743. Quand l'escadron est *au trot*, les passages d'obstacles s'exécutent *au galop*.

Porter l'escadron en avant *au trot*.

EXÉCUTION. Faire exécuter successivement les différents passages d'obstacles, l'escadron marchant *au trot*.

L'escadron étant en bataille :

EXPLICATION. 744. L'escadron marchant en bataille, aux commandements : 1. *Dans chaque peloton = par quatre = au trot*, les chefs de peloton...

Au commandement 2. MARCHE, répété...

Chaque peloton ainsi rompu...

Si le terrain oblige un peloton...

Porter l'escadron en avant.

EXÉCUTION. 1. *Dans chaque peloton = par quatre = au trot.*

2. MARCHE.

3. *Guide à droite* (1).

---

(1) Le guide se commande après la rupture du côté où il était dans la marche en bataille; les chefs de peloton ne répètent pas l'indication.

Le guide est ainsi laissé du côté où il était dans la marche en bataille, afin de ne pas changer la base d'alignement, la rupture n'étant que momentanée.

Arrêter l'escadron, marchant ainsi en colonnes partielles.

EXPLICATION. 745. L'escadron marchant *au trot*, chaque peloton rompu en colonne par quatre, au commandement : 1. *Formez les pelotons*, les chefs...

Au commandement 2. MARCHE, répété...
Si le terrain ne permet pas...

Ce peloton, qui marche en colonne par quatre, se porte par un oblique individuel derrière l'autre peloton de sa division, et aussitôt qu'il y est arrivé, il se redresse et se forme au commandement de son chef.

Porter l'escadron en avant *au trot*.

EXÉCUTION. 1. *Formez les pelotons.*
  2. MARCHE.
  3. *Guide à droite.*

Faire exécuter les passages d'obstacles *par la gauche.*
Même travail, l'escadron marchant *au trot et au galop* (1).

MOUVEMENT DE PARADE (2).

L'escadron étant en bataille, *au port de la lance :*

INDICATION. *Exercice de la lance.*

EXPLICATION. Aux commandements : 1. *Pour l'exercice de la lance,* 2. *Dans chaque peloton*=*par la gauche par un* = *au galop,* les chefs de peloton se portent devant la dernière file de gauche de leur peloton.

---

(1) On peut, lorsque chaque peloton est rompu par quatre, dédoubler *par deux* et *par un,* ayant soin de *marcher deux* et *quatre* dès que le terrain le permet.
(2) Ce mouvement de parade*pour l'exercice de la lance*

EXÉCUTION. 1. *Pour l'exercice de la lance.*

2. *Dans chaque peloton = par la gauche par un = au galop.*

EXPLICATION. Aux commandements : 3. MARCHE, 4. *Guide à droite,* chaque chef de peloton, suivi par la file de gauche de son peloton, se porte franchement *au galop,* bien droit devant lui ; les chefs des 2e, 3e et 4e pelotons se réglant sur celui du 1er pour conserver leur intervalle et se maintenir exactement à la même hauteur.

Dans chaque peloton, chaque cavalier rompt successivement *au galop,* lorsque le cavalier qui est à la gauche a rompu et s'est

---

est très-beau quand il est exécuté rapidement et avec ensemble.

On le fait exécuter également, lorsque le régiment est réuni, par tous les escadrons à la fois.

A cet effet, le colonel commande :

GARDE A VOUS POUR L'EXERCICE DE LA LANCE.

1. *Dans chaque escadron = et dans chaque peloton = par la gauche par un = au galop.*

2. MARCHE.

Les chefs d'escadrons ne font pas l'avertissement, mais ils répètent les commandements 1 et 2.

Les capitaines commandants commandent à la fois :

1. *Dans chaque peloton = par la gauche par un = au galop.*

2. MARCHE.

3. *Guide à droite.*

Aussitôt que les pelotons sont rompus, le colonel fait sonner UN DEMI-APPEL.

Le régiment tout entier exécute l'exercice de la lance aux commandements *seuls* du colonel.

Le colonel reforme le régiment en bataille par un DEMI-APPEL et commande *l'alignement à droite.*

porté *deux mètres* en avant, et se met de suite en colonne derrière lui.

A la sonnerie d'un DEMI-APPEL, tous les cavaliers dans chaque peloton font *front* par *un à-droite*, arrêtent et s'alignent rapidement *à droite*.

EXÉCUTION. 3. MARCHE.

   4. *Guide à droite.*

   5. *Faire sonner un* DEMI-APPEL (1).

L'escadron étant ainsi formé, le capitaine commandant fait exécuter l'*exercice de la lance* à son commandement en suivant la série indiquée à l'*École du cavalier à cheval*.

Pour reformer l'escadron en bataille :

EXPLICATION. A la sonnerie d'un DEMI-APPEL, les cavaliers exécutent ensemble *un à-gauche* et partent *au galop*.

  Chaque peloton se forme immédiatement et sans commandement *en avant en bataille la gauche en tête au galop*, les chefs de peloton s'arrêtant après avoir marché 20 pas et se réglant, pour s'arrêter à la même hauteur, sur le chef du 1er peloton.

  Au commandement *A droite* = ALIGNEMENT, l'escadron s'aligne.

EXÉCUTION. 1. *Faire sonner un* DEMI-APPEL.

   Les pelotons étant formés :

   2. *A droite*=ALIGNEMENT.

   3. FIXE.

---

(1) Le capitaine commandant fait sonner le DEMI-APPEL au moment où le dernier cavalier de chaque peloton a rompu et est entré dans la colonne.

Il veille à ce que les chefs de peloton marchent bien droit devant eux sans se rapprocher et en se maintenant exactement à la même hauteur et à ce que les cavaliers rompent de manière à conserver une distance de 2 mètres.

ARTICLE IV.

Lorsqu'en instruction on arrive à l'exécution du 4e article de l'*Ecole de l'escadron à cheval*, on reprend à bâtons rompus les différentes séries des trois premiers articles, et on entremêle ce travail de quelques mouvements du 4e article.

Car l'article IV, comprenant toutes les charges et l'école des tirailleurs, ne peut s'exécuter sans interruption, comme les autres articles de cette école, en suivant la progression.

Il faut donc faire exécuter chaque jour quelques-unes des charges prescrites, observant soigneusement de ménager les chevaux.

L'article IV se divise en deux séries de mouvements.

La première série comprend :

I.—Charge successive par pelotons.

II.—Charge par escadron.

III.—Charge en fourrageurs , l'escadron marchant en bataille.

IV.—Charge en colonne par peloton.

V.—Charge en fourrageurs, l'escadron marchant en colonne avec distance.

VI.—Ralliement.

La deuxième série comprend :

1.—Tirailleurs.
1. Disperser et rallier les tirailleurs.
2. Relever un peloton qui est en tirailleurs.
3. Tirailleurs couvrant le régiment.
4. Faire charger les tirailleurs en fourrageurs.
5. Faire charger les tirailleurs en ligne par pelotons.

Ire SÉRIE.

I. — Charge successive par pelotons.

747. Figurer la ligne sur laquelle l'escadron doit se reformer après la charge, à 240 mètres en avant du front, par deux sous-officiers de serre-file, se faisant face à une distance égale au front de l'escadron.

Placer également vis-à-vis de l'aile droite des sous-officiers aux différentes distances où les changements d'allure doivent avoir lieu.

Faire porter la lance.

INDICATION. *Charge.*

EXPLICATION. 748. A la sonnerie DE LA MARCHE, le premier peloton se porte de suite en avant, aux commandements...
    Les trois autres pelotons...

Le capitaine commandant se porte à 240 mètres en avant du front, ayant un trompette avec lui (1).

EXÉCUTION. *Faire sonner un couplet* DE LA MARCHE.

Après cette première charge, faire exécuter *une contremarche* et faire exécuter une nouvelle charge en commençant par le 4° peloton.

II. — Charge par escadron.

Disposer les sous-officiers comme pour *la charge successive par pelotons* et faire porter la lance.

---

(1) Dans la charge successive par pelotons, le capitaine en second reste au point de départ, pour surveiller l'exécution du mouvement.

INDICATION. *Charge.*

EXPLICATION. 749. Au commandement 8. CHARGEZ, répété par les chefs de...

Au commandement 9. GARDE A VOUS, répété par les...

Au commandement 10. *Escadron*, les chefs de...

Au commandement 11. HALTE, répété...

Au commandement 12. *A droite*=ALIGNEMENT, ils s'alignent *à droite.*

EXÉCUTION. 1. *Escadron en avant* (1).

2. *Guide à droite.*

3. MARCHE.

A vingt pas plus loin :

4. *Au trot.*

5. MARCHE.

A 60 pas plus loin :

6. *Au galop.*

7. MARCHE.

A 80 pas plus loin :

8. CHARGEZ.

A 20 pas des sous-officiers qui tracent la ligne :

9. GARDE A VOUS.

10. *Escadron.*

11. HALTE.

12. *A droite*=ALIGNEMENT.

13. FIXE.

Répéter cette charge avec *le guide à gauche.*

______

(1) Le capitaine commandant, au lieu de prendre le commandement de l'escadron, peut aussi se conformer à ce qui est prescrit n° 750, se faisant remplacer sur la ligne des officiers par le capitaine en second.

III. — Charge en fourrageurs, l'escadron marchant en bataille.

L'escadron étant en bataille :

EXPLICATION. 751. Après avoir fourni une charge en ligne, aux commandements : 1. GARDE A VOUS, 2. *Au trot,* 3. MARCHE, répétés par les chefs de peloton, l'escadron passe *au trot.*

Aux commandements : 4. *Premier peloton =en fourrageurs,* 5. MARCHE, répétés par le chef du...

A la sonnerie du RALLIEMENT, répétée par le trompette du peloton de fourrageurs, ceux-ci se rallient sur l'escadron.

Aux commandements : 7. GARDE A VOUS, 8. *Au galop,* 9. MARCHE, 10. CHARGEZ, l'es—adron exécute une nouvelle charge en ligne; les cavaliers qui n'ont pu...

Faire exécuter une charge en ligne.

La charge étant exécutée :

EXÉCUTION. 1. GARDE A VOUS.
         2. *Au trot.*
         3. MARCHE.
         4. *Premier peloton = en fourra-geurs.*
         5. MARCHE.

Lorsque les fourrageurs ont parcouru 150 mètres :

         6. *Faire sonner le* RALLIEMENT (1).

---

(1) A la sonnerie du ralliement, les cavaliers se rallient, ayant soin de démasquer le front de l'escadron en passant par les ailes.

L'escadron étant aux trois quarts rallié :

> 7. GARDE A VOUS.
> 8. *Au galop.*
> 9. MARCHE.
> 10. CHARGEZ (1).

Arrêter l'escadron après la charge.

752. Faire répéter cette série de mouvements en prenant les dispositions prescrites dans ce paragraphe de l'ordonnance.

IV. — Charge en colonne par pelotons.

L'escadron étant en colonne avec distance, la droite en tête :

EXPLICATION. 753. La colonne marchant *au trot,* au commandement 1. *Pour charger,* le chefs du premier...

Au commandement 2. MARCHE , répété par le...

Les autres pelotons suivent...

Quand le premier peloton a...

À ce commandement, le peloton exécute...

Les autres pelotons sont attentifs aux mouvements du peloton qui les précède, afin de changer d'allure à temps et de reprendre leur distance ordinaire.

---

(1) Les chefs de peloton répètent le commandement 10. CHARGEZ. Il peut se faire que, pour exécuter ces charges, le terrain ne présente pas une longueur suffisante; il faut alors, après avoir pris *le trot* après la première charge en ligne, faire exécuter un *demi-tour* à l'escadron et déployer de suite le peloton de fourrageurs de manière à profiter de tout son terrain pour rallier les fourrageurs et lancer une seconde fois l'escadron à la charge.

Porter la colonne en avant *au trot*.

EXÉCUTION. 1. *Pour charger* (1).
  2. MARCHE.

V. — Charge en fourrageurs, l'escadron marchant en colonne avec distance.

L'escadron étant en colonne avec distance, la droite en tête :

EXPLICATION. 754. La colonne marchant *au trot*, aux commandements : 1. *Premier peloton= en fourrageurs*, 2. MARCHE, le commandement, 2. MARCHE est répété par le chef du premier peloton, et ce peloton se disperse en fourrageurs.

L'escadron continue de marcher *au trot*.

A la sonnerie du RALLIEMENT, le peloton se rallie...

Porter la colonne en avant *au trot*.

EXÉCUTION. 1. *Premier peloton = en fourrageurs*.
  2. MARCHE.

---

(1) Pour exécuter cette charge en instruction, le peloton tête de colonne charge seul, les autres prennent successivement le galop, conservant cette allure soutenue jusqu'à ce qu'ils soient arrivés à leur distance du premier peloton qui a passé au trot, après avoir fourni sa charge.

Le premier peloton ayant pris le trot, on le fait passer à la queue de la colonne par deux changements de direction à gauche successifs. On fait alors charger le deuxième peloton devenu tête de colonne, et on procède de la même manière pour faire charger successivement les troisième et quatrième pelotons.

Lorsque l'escadron a parcouru 100 à 150 pas :

3. *Faire sonner le* RALLIEMENT (1).

On exécute cette charge en fourrageurs, et l'on forme l'escadron en bataille pendant la charge, pour exercer le peloton à se rallier dans cette position.

VI. — Ralliement.

L'escadron étant en bataille et au port de la lance :

INDICATION. *Ralliement.*

EXPLICATION. 755-747. A la sonnerie du BOUTE-CHARGE, les cavaliers se dispersent et chargent en fourrageurs, faisant en sorte de ne pas perdre de vue leurs officiers qui chargent avec eux.

Les files d'encadrement des pelotons, les serre-files et les trompettes resteront sur la ligne pour figurer l'escadron.

Le mouvement s'exécutera *au trot.*

EXÉCUTION. 1. *Faire sonner le* BOUTE-CHARGE.

Lorsque l'escadron est dispersé :

2. *Faire sonner le* RALLIEMENT GÉ-NÉRAL.

L'escadron étant rallié, l'aligner.

Répéter le mouvement en portant l'escadron en avant après l'avoir rallié.

Exécuter le ralliement *au galop.*

----

(1) Le peloton qui vient de fournir la charge en fourrageurs vient se reformer à la queue de la colonne, en ayant soin de dégager le front de la troupe et de passer le long des flancs.

On fait exécuter cette charge successivement à chaque peloton devenu tête de colonne.

L'escadron étant en bataille et au port de la lance :

INDICATION. *Ralliement.*

EXPLICATION. 755. A la sonnerie du BOUTE-
 CHARGE, l'escadron se disperse dans toutes
 les directions en avant de son front.

 A la sonnerie du RALLIEMENT GÉNÉRAL, les
 officiers, sous-officiers et cavaliers rejoignent
 rapidement...

Le mouvement s'exécutera *au trot.*

EXÉCUTION. 1. *Faire sonner le* BOUTE-CHARGE.
 2. *Faire sonner le* RALLIEMENT GÉ-
 NÉRAL.

L'escadron étant rallié, l'aligner.

Répéter le mouvement en portant l'escadron en avant
après l'avoir rallié.

Exécuter ce ralliement *au galop.*

756. Le capitaine commandant exerce ensuite l'escadron
à se rallier sur un point quelconque en se plaçant de sa
personne à droite ou à gauche de la direction suivie par
les fourrageurs.

IIᵉ SÉRIE.

I. — Tirailleurs.

1. —DISPERSER ET RALLIER LES TIRAILLEURS.

L'escadron étant en bataille, la lance portée :

INDICATION. *Tirailleurs.*

EXPLICATION. 757. Le chef des tirailleurs doit
 observer le mouvement de la troupe qu'il
 couvre...

 Lorsque l'escadron change de...

Le trompette qui suit le chef...
Les tirailleurs ne doivent...

758. Au commandement 1. *Premier peloton en tirailleurs*, le chef du peloton fait reposer la lance, fait faire...

Au commandement 2. MARCHE, répété par le chef...

Le guide particulier de droite reste avec l'escadron.

EXÉCUTION. 1. *Premier peloton=en tirailleurs*.
            2. MARCHE.

EXPLICATION. 759. A la sonnerie du RALLIEMENT DES TIRAILLEURS, le chef des tirailleurs rallie son...

EXÉCUTION. *Faire sonner le* RALLIEMENT DES TIRAILLEURS.

Remettre le peloton en tirailleurs et le rallier sans explication.

Déployer le 4ᵉ peloton en tirailleurs de la même manière.

Le premier peloton étant dispersé en tirailleurs, le capitaine commandant fait exécuter, par l'escadron, quelques mouvements qui obligent les tirailleurs à passer par les différentes séries de l'*Ecole des tirailleurs du peloton à cheval*.

Le chef de ce peloton doit avoir le plus grand soin de laisser la position de l'escadron se dessiner avant de faire faire une sonnerie, pour éviter les erreurs.

Faire exécuter ces mouvements *au pas, au trot et au galop*.

2.—RELEVER UN PELOTON QUI EST EN TIRAILLEURS.

Le premier peloton étant en tirailleurs, on le rapproche de l'escadron, de manière que l'explication soit bien entendue.

EXPLICATION. 760. Pour relever un peloton qui est en tirailleurs, le chef du nouveau...
Dès que les nouveaux tirailleurs...

Faire reprendre aux tirailleurs la position qu'ils avaient avant l'explication.

EXÉCUTION. 1. *Quatrième peloton=en tirailleurs*. 2. MARCHE (1).

3.—TIRAILLEURS COUVRANT LE RÉGIMENT.

L'escadron étant en bataille, si le capitaine commandant veut déployer tout l'escadron en tirailleurs pour couvrir le front d'un régiment, il fait reposer la lance, charger les armes, puis il donne l'explication suivante :

EXPLICATION. 761. Aux commandements : 1. *Trois premiers pelotons=en tirailleurs*, 2. MARCHE, le chef du 4ᵉ peloton arrête et fait porter la lance. Les chefs des trois autres...
Le peloton de droite couvre...
Le peloton de soutien se...

Aux commandements : 1. *Trois premiers pelotons =en tirailleurs*, 2. MARCHE, c'est par un *demi-à-droite* ou un *demi-à-gauche* que les pelotons, qui doivent couvrir les ailes, gagnent la place qu'ils doivent occuper pour se disperser.

Le chef du 2ᵉ peloton continue donc de marcher droit devant lui en ralentissant un peu l'allure

Le chef du 1ᵉʳ peloton commande : 1. *Demi = (à* DROITE, 2. *En* =AVANT , et le chef du 3ᵉ peloton :

---

(1) Si l'escadron a la lance portée, le chef du peloton qui doit relever les tirailleurs, au commandement préparatoire fait reposer la lance, découvrir les foutes et charger les armes, puis il commande : *Peloton en avant, guide à gauche, au trot*, et répète le commandement MARCHE du capitaine commandant.

1. *Demi* = (*à*) GAUCHE, 2. *En*=AVANT; ils redressent leurs pelotons par un mouvement analogue, en arrivant en ligne, et alors les trois chefs de peloton commandent à la fois : 1. *En*=*tirailleurs*, 2. MARCHE, 3. *Guide à droite*.

A ce commandement, tous les cavaliers se dispersent.

EXÉCUTION. 1. *Escadron en avant.*

      2. *Guide à droite.*

      3. *Au trot.*

      4. MARCHE.

Après avoir marché environ 100 pas :

      1. *Trois premiers pelotons = en ti-railleurs.*

      2. MARCHE.

Faire rapprocher les tirailleurs de la troupe de soutien pour que l'explication suivante soit entendue par tous les cavaliers :

EXPLICATION. 764. A la sonnerie du RALLIEMENT DES TIRAILLEURS, chaque peloton se rallie au plus vite sur son chef.

EXÉCUTION. *Faire sonner le* RALLIEMENT DES TIRAILLEURS.

Les cavaliers étant ralliés en pelotons derrière chaque officier :

EXLICATION. A la sonnerie du RALLIEMENT GÉNÉRAL, le peloton de soutien se porte *au galop* sur le...

EXÉCUTION. *Faire sonner le* RALLIEMENT GÉNÉRAL.

Répéter sans explication.

Même travail avec les trois derniers pelotons.

L'escadron étant en bataille :

EXPLICATION. 765. L'escadron étant dispersé en tirailleurs, à la sonnerie du RALLIEMENT GÉNÉRAL, les officiers...

Disperser les trois premiers pelotons en tirailleurs, arrêter les tirailleurs :

EXÉCUTION. *Faire sonner le* RALLIEMENT GÉNÉRAL.

L'escadron étant dispersé en tirailleurs, on fait exécuter les différentes séries des tirailleurs de l'*École du peloton à cheval*, en se conformant aux mêmes principes, à l'allure *du trot* et *du galop*.

762. On exerce l'escadron à mettre une division en tirailleurs; dans ce cas, le capitaine en second reste avec la division de soutien.

Cette division de soutien reste en une seule troupe ou est partagée en deux.

Quand la troupe de soutien n'est pas partagée, elle exécute tous ses mouvements *par peloton.*

La première fois qu'on fait exécuter les feux à blanc, on donne l'explication suivante :

EXPLICATION. 757. Quand plusieurs pelotons sont en tirailleurs, on commence le feu par la droite de chaque peloton.

4. — FAIRE CHARGER LES TIRAILLEURS EN FOURRAGEURS.

L'escadron étant en bataille :

EXPLICATION. 766. Les cavaliers étant en tirailleurs, à la sonnerie du BOUTE-CHARGE...
A la sonnerie du RALLIEMENT GÉNÉRAL, le ralliement s'effectue à 50 mètres en arrière du peloton de soutien.

Disperser trois pelotons en tirailleurs et les arrêter :

EXÉCUTION. 1. *Faire sonner le* BOUTE-CHARGE.

> 2. *Faire sonner le* RALLIEMENT GÉ-
> NÉRAL (1).

5. — FAIRE CHARGER LES TIRAILLEURS EN LIGNE
PAR PELOTONS,

L'escadron étant en bataille :

EXPLICATION. 767. Les tirailleurs étant ralliés
par peloton, au signal de la charge, chaque
chef de peloton...
Le capitaine en second charge avec...
Les pelotons se rallient derrière le peloton
de soutien quand on fait sonner le ralliement
général.

Porter l'escadron en avant *au trot,* disperser 3 pelotons
en tirailleurs, faire sonner le RALLIEMENT DES TIRAIL-
LEURS.
Les pelotons étant ralliés et formés :

EXÉCUTION. 1. *Faire sonner la* CHARGE.

Les charges étant fournies et les chefs de peloton
ayant arrêté leurs pelotons :

> 2. *Faire sonner le* RALLIEMENT GÉ-
> NÉRAL.

---

(1) Le peloton de soutien appuie la chargé *au galop ;*
à la sonnerie du RALLIEMENT GÉNÉRAL, il s'arrête immédiatement, et lorsque l'escadron s'est rallié à 50 pas derrière
lui, ainsi qu'il est prescrit, il reprend sa place dans l'escadron, à l'avertissement du capitaine commandant,

9 782014 031416